DON BOSCO
VERLAG

Markt und Straßen stehn verlassen,
still erleuchtet jedes Haus,
sinnend geh ich durch die Gassen,
alles sieht so festlich aus.

Joseph von Eichendorff

Cordula Pertler / Eva Reuys

Kinder feiern Advent und Weihnachten

Don Bosco

Feste feiern mit Kindern

Weitere Themen aus der Reihe:
Erntedank
Halloween
St. Martin
Nikolaus
Don Bosco
Fasching, Fastnacht, Karneval
Ostern
Muttertag
Sommerfest
Geburtstag

Bibliografische Information Der Deutschen Bibliothek

Die Deutsche Bibliothek verzeichnet diese Publikation in der Deutschen Nationalbibliografie; detaillierte bibliografische Daten sind im Internet über http://dnb.ddb.de abrufbar.

3. Auflage 2004 / ISBN 3-7698-1368-5

Umschlag und Illustrationen: Margret Russer
Notensatz: Nikolaus Veeser, Schallstadt
Satz: undercover, Augsburg
Produktion: Don Bosco Grafischer Betrieb, Ensdorf

Gedruckt auf umweltfreundlichem Papier

Inhalt

Vorbereitung

Festgestaltung

Bausteine für die praktische Arbeit

Vorwort

Advent und Weihnachten rufen Erinnerungen an die eigene Kindheit wach. Verbinden wir damit schöne Gefühle, möchten wir diese an unsere Kinder weitergeben. Gerade für Kinder ist das Weihnachtsfest ein großes Ereignis, das voller Ungeduld erwartet wird. Die alljährlich aufgestellte Weihnachtskrippe, der bunt geschmückte Christbaum im Lichterglanz und nicht zuletzt die geheimnisvoll verpackten Geschenke lassen Kinderherzen höher schlagen. Aber auch die Zeit des Wartens, die Adventszeit, hält viele Überraschungen und Geheimnisse bereit. Vor allem in Kindertagesstätten nimmt der Advent einen wichtigen Platz im Jahreskreis ein. Schöne alte Bräuche, Geschichten, fröhliches Singen, der gemeinsame Aufbau der Krippe lassen jedes Jahr die Weihnachtszeit wieder lebendig werden und prägen sich unauslöschlich im Gedächtnis ein. Freuen Sie sich wie die Kinder auf die Adventszeit oder verspüren Sie bei dem Gedanken daran eher Unbehagen? Denken Sie dabei an den vermehrten Arbeitsaufwand und den damit verbundenen alljährlichen Vorweihnachtsstress? Haben Sie sich schon einmal gefragt, was bei Ihnen Hektik und Stress auslöst? Sind die Wochen vor dem Fest zu voll gepackt mit allerlei Aktionen, um möglichst allen Erwartungen gerecht zu werden? Ist es tatsächlich ein »Muss«, jedes Jahr mit den Kindern ein neues Krippenspiel einzuüben und aufwändige Geschenke zu basteln oder sollten Sie sich nicht lieber die Devise: »Weniger ist oft mehr!« zu eigen machen? Damit Sie und die Ihnen anvertrauten Kinder Advent und Weihnachten als »die schönste Zeit des Jahres« erleben und genießen können, braucht es Momente der Ruhe, Stille und das Gefühl von Geborgenheit.
Wir möchten Sie dazu einladen, eine geheimnisvolle, besinnliche und vor allem stressfreie Vorweihnachtszeit zu erleben. Nicht nur die Kinder, auch Sie können unseren Gedichten und Geschichten rund um Weihnachten lauschen und bei Meditationen, Wintertraumreisen und stillen Spielen die Hektik hinter sich lassen und zur Ruhe kommen.

Zur Handhabung

Wir wollen mit unserem Buch vor allem Erzieherinnen mit Kindergruppen von vier bis acht Jahren ansprechen. Auch Eltern und Lehrkräften bietet es eine Fundgrube voller Ideen und Überraschungen, wie es sich für Weihnachten gehört. So wird die Advents- und Weihnachtszeit für Kinder wie auch für Erwachsene feierlich – sinnlich – besinnlich und zur schönsten Zeit des Jahres. Wir informieren Sie über das Brauchtum, über Mythen und Symbole, die sich um das Fest aller Feste ranken. Im Mittelpunkt steht die Geburt Jesu, ihre Bedeutung für das Christentum und insbesondere für die Kinder. Sie finden Anregungen zur Planung und Gestaltung der Adventszeit, wie zur Vorbereitung und Durchführung einer Weihnachtsfeier in der Kita, sei es mit oder ohne Eltern in Ihrer Einrichtung oder einmal ganz anders, nämlich romantisch im Wald. Interessante Ideen zur Gestaltung einer Nikolausfeier mit allem was sich darum rankt, finden Sie in dem Band »Kinder feiern Nikolaus«.
Die große Auswahl an Aktivitäten orientiert sich am ganzheitlichen Gestaltungsansatz. Alle Angebote können Sie aus einzelnen Bausteinen individuell zusammenstellen. Diese sind Themenbereichen zugeordnet, damit wir Ihnen, liebe Leserinnen, die Handhabung erleichtern! Angebote, die mit einem Pfeil (→) gekennzeichnet sind, werden jeweils an einer anderen Stelle im Buch ausführlich beschrieben.
Wir wollen Ihnen nicht nur praktische Hilfen geben, sondern auch Lust wecken, die Wartezeit auf das Christkind selbst kreativ zu gestalten und diese mit allen Sinnen bewusst zu erleben.

Vorbereitung

Die Weihnachtsbotschaft

Advent kommt vom lateinischen »adventus« und bedeutet Ankunft.

★ Das Geschehen um die Geburt Jesu steht im Mittelpunkt der Weihnachtszeit. Alle Vorbereitungen in der Adventszeit beziehen sich auf dieses Ereignis. Der Advent beginnt mit dem vierten Sonntag vor Weihnachten, der zugleich auch der Beginn des Kirchenjahres ist. Advent kommt vom lateinischen »adventus« und bedeutet »Ankunft«. Gemeint ist die Wartezeit auf die Ankunft Jesu. Das genaue Geburtsdatum Jesu vor etwa 2000 Jahren ist nicht bekannt. Aufgrund unterschiedlicher Traditionen feiern Katholiken, Protestanten und ein Teil der orthodoxen Christen das Weihnachtsfest am 25. Dezember, während andere orthodoxe Christen den 6. Januar gewählt haben. Der 25. Dezember als Weihnachts-Datum ist erstmals für Rom im Jahr 336 gesichert. Weihnachten bedeutet soviel wie »heilig«, »geweihte Nacht«. Schon am 24. Dezember, dem Heiligen Abend, beginnen die Feierlichkeiten.

★ Lukas schreibt in seinem Evangelium die wahrscheinlich bekannteste Geschichte über Jesus. Er berichtet über das Ereignis der Geburt (→ vgl. S. 37ff.).

★ Liest man die biblische Erzählung genau, wird deutlich, dass es sich um eine sehr schlicht erzählte Geschichte handelt, die keinerlei sentimentale Gefühle aufkommen lässt. Es wird weder von einer verschneiten, kalten Winterlandschaft noch von Ochs und Esel, die den Säugling im zugigen Stall wärmen, berichtet. Auch von einer mühseligen Herbergssuche ist nichts zu lesen. Lukas beschreibt eine alltägliche Geburt im unromantischen Alltag armer Leute. All die weihnachtlich anmutenden Attribute wie Ochs und Esel, Licht und Sterne sind Ausschmückungen.

★ Die Geburt in einer kargen, ärmlichen Unterkunft ist ein Zeichen dafür, dass wir Jesus nicht bei den Reichen und Mächtigen dieser Welt finden. Auch in seinem späteren Leben widmete sich Jesus besonders den Armen, Ausgestoßenen, Kranken und Schwachen der Gesellschaft. Nicht das Neugeborene in der Krippe wird vom himm-

lischen Glanz umstrahlt, sondern die Hirten. Obwohl sie zu den Armen der Gesellschaft gehören, erfahren sie als erstes von der Geburt des Kindes und dessen besonderer Bedeutung. Aus den stummen und zuschauenden Hirten werden aktiv Handelnde und Glaubende. Sie machen sich auf den Weg, um sich von der Wahrheit des eben Gehörten zu überzeugen. Sie finden Maria, Josef und das neugeborene Kind im Stall. Aus den Glaubenden werden Sehende, auch wenn nichts Außergewöhnliches zu sehen ist. Die Hirten haben keine Zweifel und sind sich sicher, dass nur dieses Kind der von den Engeln verheißene Erlöser ist. Sie bringen keine materiellen Geschenke mit, sondern etwas viel Wichtigeres: die göttliche Verheißung, die ihnen der Engel überbracht hat.
(nach einem Text des Kindermissionswerkes)

Dezemberbräuche

★ Weihnachten wird in der dunklen, kalten Jahreszeit gefeiert. Am 21. Dezember ist der kürzeste Tag des Jahres. Schon in vorchristlicher Zeit wurde dieser Tag im Jahr als »Wende« für neues Licht und Leben gefeiert. Altes germanisches Brauchtum, wie das Mitwinterfest, das Julfest, der Wotanskult, verschmolz nach und nach mit christlichem Gedankengut. Von vielen Bräuchen kennen wir heute den eigentlichen Sinn nicht mehr, obwohl sie ein über Generationen gepflegtes, beliebtes und unentbehrlich gewordenes Ritual der Vorweihnachtszeit sind.
★ Hier eine kleine Auswahl an Weihnachtsbräuchen und deren Bedeutung.

Adventskranz

★ Traditionell ist der Adventskranz aus Tannenzweigen gewunden und mit vier Kerzen geschmückt. An den vier Sonntagen vor Weihnachten wird stets eine weitere Kerze angezündet. Der Adventskranz ist ein Zeichen dafür, dass das Fest der Geburt Jesu nahe ist. Für Kinder wird der Zeitraum bis Weihnachten durch das Anzünden der Kerzen überschaubar. Das Licht der Kerzen symbolisiert das Kommen des »Lichtes der Welt«, das die Dunkelheit erhellt. Der Kranz, der ohne Anfang und Ende ist, ist ein Zeichen für Gott, der immer war und immer sein wird.

Für Kinder wird der Zeitraum bis Weihnachten durch das Anzünden der Kerzen überschaubar.

★ Als Erfinder des Adventskranzes gilt der Erzieher und Theologe Johann Hinrich Wichern (1808–1881). Als Leiter des »Rauhen Hauses« in Hamburg, einer Erziehungsanstalt für Jungen, schmückte er um 1850 im Dezember einen großen Leuchter mit 24 Kerzen. Bei der täglichen Andacht mit seinen Schülern zündete er jeden Tag eine weitere Kerze an, bis zum Weihnachtsfest alle hell erstrahlten. Der Adventskranz veränderte im Laufe der Zeit seine Gestalt. Der große Leuchter wich einem immergrünen Kranz und die Zahl der Kerzen reduzierte sich auf vier für die vier Adventswochen.

Adventskalender

★ Die Frage »Wie lange dauert es noch bis Weihnachten?« hat erfindungsreiche Eltern auf die Idee von Adventskalendern gebracht. Bereits Mitte des 19. Jahrhunderts dachten sie sich ganz unterschiedliche Methoden aus, um ihren Kindern die lange Zeit des Wartens bis zur Bescherung in kleinere Abschnitte einzuteilen. So stellten Mütter und Väter Adventsbäumchen auf, und jeden Tag durften ihre Kinder eine kleine Papierfahne mit einem frommen Spruch aufstecken. In anderen Familien wurde täglich ein weiteres Bild mit einer religiösen Szene an die Wand geheftet oder eine Adventskerze ein Stückchen abgebrannt. Bekannt sind auch Weihnachtsuhren, Ketten mit kleinen Geschenken und selbstgestaltete Abreißkalender. Anfang des 20. Jahrhunderts erschienen die ersten gedruckten Adventskalender im Verkauf. Sie hatten noch keine Türchen zum Öffnen, sondern waren in nummerierte Felder eingeteilt, die täglich mit einem Bildchen von einem beiliegenden Ausschneidebogen beklebt wurden.

Bereits Mitte des 19. Jahrhunderts gab es erste Vorläufer des Adventskalenders.

★ Die bis heute gängigste Form sind Türchenkalender mit Bildern oder darin enthaltenen Süßigkeiten. Beliebt sind auch kleine nummerierte Säckchen mit allerlei Überraschungen. Das Öffnen des Türchens oder Säckleins ist für die Kinder ein beliebtes Ritual, das täglich voller Spannung erwartet wird.

Äpfel

★ Im Mittelalter erzählten die Weihnachtsspiele von Adam und Eva und von ihrer Vertreibung aus dem Paradies, nachdem Adam und Eva den Apfel trotz Gottes Verbot gegessen hatten. Und da die Symbole des Paradieses der Lebensbaum und seine Äpfel sind, schmückte man den Christbaum mit Äpfeln. In den leuchtenden Christbaumkugeln findet sich das Apfelmotiv wieder. Äpfel gehören nach wie vor zur Weihnachtszeit und sind auch eine beliebte Dekoration: Äpfel als Kerzenhalter, Äpfel und Nüsse im Nikolaussack oder auf dem bunten Teller, Äpfel, versehen mit roten Bändern, als Baumschmuck.

Weihnachtsmann

★ Aus Nikolaus und Knecht Ruprecht entwickelte sich die verweltlichte Form des Weihnachtsmannes. Ursächlich dafür war die Ablehnung der Heiligenverehrung in der Reformationszeit. Die Bezeichnung Weihnachtsmann ist erstmals 1820 nachweisbar. Das uns bekannte Erscheinungsbild mit Rute, Sack, rotem Rock, weißem Pelzbesatz, Zipfelmütze und Bart kommt aus den USA. Je nach Gegend übernehmen Weihnachtsmänner oder auch das Christkind die Rolle des Gabenbringers.

Krippe

★ Krippen sind Futtertröge für das Vieh. Gemeint ist aber auch die figürliche Darstellung eines biblischen Geschehens, am häufigsten der Hl. Familie im Stall von Betlehem mit dem Jesuskind in einer Krippe, Ochs und Esel, den Hirten, Schafen und den Weisen aus dem Morgenland. Reich ausgestaltete Krippen entstanden besonders im 18. Jahrhundert. Auch heute noch können sich viele Christen ein Weihnachtsfest ohne Krippe nicht vorstellen. So finden wir sie von einfach bis kunstvoll häufig in Familien, sozialen Einrichtungen und Kirchen.

Reich ausgestaltete Krippen entstanden besonders im 18. Jahrhundert.

Engel

★ Engel als Tannenbaumschmuck, als Rauschgoldengel, als Motiv für Lebkuchen und Weihnachtskarten, als Begleiter des Heiligen Nikolaus oder bei Krippenspielen erfreuen uns zur Advents- und Weihnachtszeit. Engel – aus dem griechischen angelos, d.h. Bote – übermitteln den Menschen Botschaften von Gott: Der Engel Gabriel brachte Maria die Botschaft, dass sie ein Kind zur Welt bringen werde, Gottes Sohn. Engel verkünden die Nachricht über Jesu Geburt, Josef folgt einem Engel im Traum und flieht nach Ägypten, um das neugeborene Kind vor dem Zugriff des Herodes zu schützen.

Sterne

★ Der Anblick leuchtender Sterne am nächtlichen Himmel lässt uns andächtig staunen. Allein ihre Zahl übersteigt unser Vorstellungsvermögen. Wie auch immer Sterne entstanden sein mögen, sie sind ein Wunder der Schöpfung. Sterne weisen mit ihrem Licht den Weg durch die Dunkelheit. So führte auch der Stern von Betlehem die Hirten und heiligen Dreikönige zum göttlichen Kind im Stall. Das Sternenmotiv begegnet uns in der Weihnachtszeit überall, sei es als Raumdekoration, auf Weihnachtskarten oder in Form von Gebäck.

Weihnachtsbaum

★ Für die meisten Familien ist Weihnachten ohne Christbaum undenkbar. Egal, ob Tanne oder Fichte, diese Bäume gelten mit ihren immergrünen Nadeln als Lebensbäume und Zeichen der Hoffnung. Bereits aus dem Jahre 1597 ist bekannt, dass im Elsass ein Baum mit Äpfeln und Süßigkeiten behängt in der Wohnstube aufgestellt wurde. Erst viel später, nach 1730, schmückte man den Christbaum mit Kerzen. Allgemein verbreitete sich der Brauch, im Haus einen Weihnachtsbaum aufzustellen, erst im 19. Jahrhundert.

Bereits aus dem Jahre 1597 ist bekannt, dass im Elsass ein Baum mit Äpfeln und Süßigkeiten behängt in der Wohnstube aufgestellt wurde.

Weihnachtsfest

★ In der ersten Hälfte des 19. Jahrhunderts bestand eine große Vielfalt an Brauch- und Festformen: Weihnachten wurde nicht nur privat in der Familie gefeiert, sondern auch auf Einladungen und Bällen und mit allerlei öffentlichen Ereignissen wie Märkten und Weihnachtsausstellungen. Es gab auch verschiedene Termine für ein winterliches Schenkfest. Neben dem Weihnachtstermin stand auch der 6. Januar und das Neujahrsfest zur Auswahl. Zunächst gibt es für die häusliche Familienweihnacht nur Belege aus bürgerlichen und aristokratischen Kreisen. Das einfache Volk schätzte ausgelassene Straßenfeste und wilde Maskenbräuche, wie etwa die »Nikolospiele« und die Maskenzüge der »Chläuse« und »Kramperl«. Sie haben sich teils als Relikte erhalten, teils sind sie auch in Rückbesinnung auf verloren gegangene Traditionen wieder neu belebt worden. Im Laufe der Zeit setzte sich in allen Bevölkerungsschichten das Weihnachtsfest als privates Familienfest durch. Dazu gehören immer die Bescherung der

Kinder, ein Christbaum und häufig auch das Christkind oder der Weihnachtsmann als Gabenbringer. Weihnachten ohne Besuch der Christmette ist für viele Familien kaum denkbar.

Sternsinger

★ Die Bibel berichtet von Weisen aus dem Morgenland, die im Erscheinen eines hellen Sterns die Geburt eines neuen Königs deuteten. Ob der Stern, dem die drei Weisen folgten, eine bestimmte Sternkonstellation war oder der Halleysche Komet, ist ungeklärt. Jedenfalls hat er auch symbolische Bedeutung: Stern als Licht der Erkenntnis. Heute sehen viele Gläubige die Weisen als Zeichen für die Hinwendung der Heiden zur christlichen Botschaft, die alle Menschen ansprechen soll, ohne Unterschied ihrer Rasse.

Ob der Stern von Betlehem eine bestimmte Sternkonstellation war oder der Halleysche Komet, ist ungeklärt.

★ Seit dem 12. Jahrhundert werden die Drei Könige auch mit verschiedenen Symbolen in Verbindung gebracht:

- Caspar: Der junge Mann ist bekleidet mit Turban und Pluderhose und bringt die Myrrhe. Er verkörpert das Lebensalter der Jugend und als Mohr den Erdteil Afrika.
- Balthasar: Der reife Mann in der Lebensmitte ist bekleidet mit orientalischen Gewändern und bringt den Weihrauch. Balthasar verkörpert den Erdteil Asien.
- Melchior: Der Greis ist bekleidet mit einem hermelinbesetzten Purpurmantel, dem Zeichen der Könige Europas. Er bringt Gold als Geschenk.

★ Die Geschenke weisen symbolisch auf Jesus hin: Gold als Zeichen der Königswürde Jesu, Weihrauch als Sinnbild der Gottesverehrung und Myrrhe (geweihtes Duftöl) verweist auf den sterblichen Menschen Jesu.

★ Die Gebeine der Heiligen Drei Könige fanden lange Zeit keine Ruhestätte. Der Weg führte über Jerusalem, Konstantinopel, Mailand schließlich nach Köln. Sie ruhen seitdem in einem kostbaren Schrein. Er ist noch heute im Kölner Dom hinter dem mittelalterlichen Hochaltar zu sehen. Obwohl offiziell nie heiliggesprochen, werden die Weisen im Volksmund bis heute als die Heiligen Drei Könige bezeichnet.

Christus Mansionem Benedicat (Christus segne dieses Haus)

★ Am Vorabend des Dreikönigsfestes werden vor allem in ländlichen Gegenden mit Kreide die Buchstaben und die jeweilige Jahreszahl über die Haustüre geschrieben: 20 C + M + B 02. Diese können sowohl die Anfangsbuchstaben der Drei Könige: Caspar, Melchior, Balthasar oder eines lateinischen Segensspruches sein: Christus Mansionem Benedicat (Christus segne dieses Haus). Die Angabe der Jahreszahl soll auf den Segen hinweisen, der für das ganze Jahr erbeten wird.

★ Das Dreikönigsfest hat mit seinen volkstümlichen Bräuchen in den letzten Jahren wieder an Bedeutung zugenommen. Am Abend des Dreikönigstages oder am darauf folgenden Sonntag, ziehen Kinder, als Heilige Drei Könige verkleidet und einen Stern mit sich führend, von Haus zu Haus. Sie singen Dreikönigslieder und erbitten eine Geldspende. Mit dem gesammelten Geld aller Sternsinger werden soziale Projekte unterstützt.

Weihnachten – Fest der Liebe und des Lichts

★ Spätherbst – die Tage werden kürzer und die letzten warmen Sonnenstrahlen kämpfen sich durch die Nebelschwaden. Die Natur zieht sich zurück, sie beginnt ihren Winterschlaf und ruht sich aus. Bezeichnen viele Erwachsenen das Wetter als »mies« und die Landschaft als »trist«, so freuen sich die Kinder auf die ersten Schneeflocken und darauf, in ihren Gummistiefeln durch die Pfützen zu stapfen. Sie bewundern morgens den Reif an den Bäumen und genießen die kuscheligen Stunden am Nachmittag. So hat doch jede Jahreszeit seinen besonderen Reiz, den die Erwachsenen vielleicht erst allmählich wahrnehmen.

★ Tage, wenn nicht schon Wochen vor dem ersten Advent sind Straßen und Geschäfte festlich beleuchtet. Überall wohin man sieht, strahlen uns bei Einbruch der frühen Dunkelheit Sterne entgegen. Vieles deutet auf das bevorstehende Weihnachtsfest hin. Die Kinder freuen sich auf die Adventszeit und ganz besonders auf das Christkind oder den Weihnachtsmann, während die Erwachsenen dieser so genannten »stillen Zeit« eher mit Stress entgegen sehen.

★ Kaum ein Fest ist mit so großem Rummel und soviel Kommerz belastet. Das tägliche Umfeld stimmt sicherlich nicht auf die wahre

Bedeutung von Weihnachten ein. Im Gegenteil, Wünsche und Bedürfnisse werden geweckt und verstärkt. Eltern geraten allzu oft unter Druck. Enttäuschungen unterm Weihnachtsbaum bleiben leider nicht aus.

★ Für die Kita ist Advent eine besondere Chance, die Kinder auf das wahre Weihnachten vorzubereiten. Die Erzieherinnen achten darauf, dass der eigentliche Sinn nicht verloren geht. Weihnachten gilt als Fest der Liebe, da Jesus Christus in die Welt kam, um Heil zu bringen. Die eigentliche Aussage von Christus Geburt ist: »Gott ist Mensch geworden, um uns zu erlösen.«

★ Ein Ziel der Kita ist die Auseinandersetzung der Kinder mit der biblischen Botschaft auf kindgemäße Weise zu ermöglichen.

★ Anders als Ostern ist Weihnachten in seiner religiösen Dimension leichter begreifbar. Die »Geburt« ist Kindern und auch Erwachsenen einfacher zu vermitteln als das Mysterium »Auferstehung«. Zudem haben die Kinder von klein auf die Erfahrung des Feierns der eigenen Geburtstage, haben also erlebt, dass dieser Beginn des Lebens Grund zur Freude ist. Von da kann man eine Brücke schlagen zur noch größeren Freude, die in uns entsteht, wenn der Erlöser als Kind für uns geboren wird.

★ Neben dem religiösen Thema der Gottesgeburt steht natürlich das des Schenkens und Beschenktwerdens an.

★ In Meditationen und Vielem mehr erfahren die Kinder, dass es Geschenke gibt, die von Innen kommen und nichts mit Geld zu tun haben. Sie erleben, dass es genauso viel Freude bereiten kann, der gebende Part zu sein, wie der nehmende. Im Laufe eines ganzen Jahres werden die Kinder immer wieder mit dem Thema »Schenken macht Freude« konfrontiert. Höhepunkt der Auseinandersetzung mit dieser Thematik ist sicherlich die Adventszeit.

★ Aber auch das »Wünschen« will gelernt sein. In unserer Gesellschaft werden nicht nur Waren produziert, sondern auch ganz gezielt Wünsche. Im Focus der Hersteller stehen die Kinder in erster Linie als Konsumenten und sind nahezu in jeder Werbung im Mittelpunkt. Obwohl die Kinderzimmer überfüllt sind mit Spielmaterial, kaufen die Eltern weiter. Kinder wünschen sich dieses und jenes, weil es die Freunde bereits haben oder weil sie es in der Werbung sahen, und nicht weil es ihr grundlegender Wunsch ist und ihren Bedürfnis-

Im Focus der Hersteller stehen die Kinder in erster Linie als Konsumenten und sind nahezu in jeder Werbung im Mittelpunkt.

sen entgegen kommt. Nun stellt sich die Frage: Kennen die Kinder ihre Wünsche überhaupt? – Können sie ihre Wünsche planen? – Wohl kaum, denn die Wunschzettel an das Christkind sind voll mit Dingen, denen das Interesse gerade noch an den Feiertagen gilt, oder auch nur dann, wenn der Erwachsene mitspielt.

★ Ein wichtiges Ziel in der Adventszeit ist es, den Kindern einen sinnvollen Umgang mit Wünschen zu eröffnen. Die Kinder sollen Möglichkeiten finden, für sich selbst zu entscheiden. Dadurch werden ihre Individualität und ihre Persönlichkeit gestärkt und auch ein gesunder Widerstand gegen Bevormundung durch Werbung erzeugt. Vielleicht stehen dann auch einmal Wünsche wie »eine Gute-Nacht-geschichte vom Papa«, oder »Kuchen backen mit der Mama« auf dem Wunschzettel.

Kinder in der magischen Phase glauben an das Christkind.

★ Entwicklungspsychologisch gesehen befindet sich das Vorschulkind in der so genannten »magischen Phase«. Es glaubt an das Christkind und auch daran, dass es von ihm all das bekommt, was es sich wünscht, wenn es immer schön brav ist. Erwachsene können Kinder unter Druck setzen und das Christkind als Erziehungsmittel missbrauchen. – Bei Eltern ist es ähnlich, sie fühlen sich unter Druck, wenn sie nicht den finanziellen Hintergrund haben, um bei aufwändigen Geschenken mitzuhalten.

★ Kinder denken mit Sicherheit über das »Funktionieren« des Christkindes auf ihre Weise nach. »Logische« Erklärungen werden geäußert, wie beispielsweise: «Die Nachbarn sind schön blöd, wenn sie alles selber kaufen, bei uns bringt das doch das Christkind!« – oder: »Das Christkind muss ganz schön schleppen, wenn es die Geschenke aus den Geschäften in die Wohnzimmer bringen muss!« Gleich darauf folgt die kindlich logische Erklärung, dass ja schließlich die Engel mithelfen.

★ Sicher ist es nicht einfach, den Kindern ihre Kindheit zu lassen und sie doch mit dem Thema vom »Wünschen und Schenken« zu konfrontieren. Die Kinder kommen meist von selbst, ohne großes Zutun von Erwachsenen, hinter die Wahrheit vom »schenkenden Christkind«. Sie behalten ihre Entdeckung als Selbstschutz noch für sich, sind aber auch Zweifeln ausgesetzt und versuchen weiterhin daran zu glauben. Gar manche Kinder werden aggressiv und fühlen sich hinters Licht geführt, wenn sie mitbekommen, dass die Eltern

das Christkind spielen. Andere Kinder halten sich nun für groß, erwachsen, prahlen mit ihrem Wissen und verunsichern die Jüngeren. Hier gilt es für die Erwachsenen individuell auf die Entwicklungsstufe und das Wissen des Kindes zu reagieren und ihnen folgenden Sinn zu vermitteln:
»Wir freuen uns über die Geburt vom Jesuskind und feiern den Geburtstag jedes Jahr. Weil die Geburt für die Menschheit so wichtig ist, beschenken wir uns. Damals vor über zweitausend Jahren wurde das Christkind von den Heiligen Drei Königen reich beschenkt.«
★ In diesem Zusammenhang muss den Kindern auch vermittelt werden, wie reich wir hier leben. Wir besitzen so Vieles und haben so Vieles, was wir gar nicht brauchen, während Millionen Kinder auf dieser Welt nicht einmal genügend zu Essen haben. Weihnachten gibt Anlass an Menschen zu denken, denen es nicht so gut geht. Sind sie informiert, können die Kinder selbst aktiv werden. Beispielsweise sammeln sie Spielsachen, die sie nicht mehr brauchen und schenken sie Asylantenkindern in ihrer Stadt.
Das Schenken ist eine alte Tradition – ein Ritual in der Adventszeit. Dieser Jahresabschnitt ist von je her auch als die Zeit der Rituale und Bräuche zelebriert worden. In unserer heutigen Gesellschaft wird sie als solche weniger wahrgenommen. Rituale aber sind für Kinder besonders bedeutsam, geben sie ihnen doch das beruhigende Gefühl von Ordnung und Struktur, auch das herrliche Gefühl von Vorfreude und Freude im Leben. Rituale in einer Gemeinschaft erlebt, vermitteln Sicherheit, verbinden miteinander und geben dem Kind einen Anker im Leben. Die Kinder bestimmen selbst die Rituale und Wiederholungen von alt Bekanntem. Sie wünschen sich immer wieder dieselben Begebenheiten und machen diese mit großer Freude zu ihren Lieblingsritualen. Rituale zu den Festen sind größtenteils alt überliefert und werden von Generation zu Generation weiter vermittelt. Manche gerieten in Vergessenheit, werden aber in neuer Brauchtumspflege wieder belebt. Rituale bestimmen insbesondere die Adventszeit in der Kita und deshalb widmen wir diesen einen größeren Raum bei der Fest- und Feiergestaltung (S. 24ff.).
★ Empfinden Erwachsene die überladene Dekoration der Adventszeit oft als kitschig und aufdringlich, so freuen sich die Kinder darüber. Wichtig ist, nicht nur zur Geschmacksbildung des Kindes einen

Rituale in einer Gemeinschaft erlebt, vermitteln Sicherheit, verbinden miteinander und geben dem Kind einen Anker im Leben.

Die Kinder erleben, wie sie selbst mit kleinen Gesten und Geschenken ein kleiner Stern sein können.

Beitrag zu leisten, sondern den Kindern die Möglichkeit zu geben, die Symbole in ihrer Bedeutung zu erfassen. Alle symbolischen Elemente der Adventszeit, wie Kerze, Adventskranz, Stern und viele andere, werden belebt und so von den Kindern in ihrer Bedeutung erfahren. Zum Beispiel sind bei einer Sternenmeditation die sonst so weit entfernten Sterne greifbar nah. Sie regt die Kinder an, selbst ein leuchtender Stern zu sein, der sein Licht in die Welt hinaustragen kann. So wie ein leuchtender Stern oder eine Kerze, brachte das Jesuskind Licht in die Dunkelheit. Die Kinder erleben, wie sie selbst mit kleinen Gesten und Geschenken ein kleiner Stern sein können. Sterne sind ein Symbol, ein Zeichen der Freude. So wie die Weisen aus dem Morgenlande dem Stern folgten und das Kind in der Krippe fanden, so gehen auch die Kinder den Weg des Lichts, wenn sie Tag für Tag eine Kerze auf ihrem Adventsweg anzünden und sich zu einer guten Tat entschließen.

★ Die Symbole der Adventszeit, die unsere Straßen und Häuser schmücken, werden also in der Kita thematisiert und allmählich beginnen die Kinder den Sinn des Festes zu verstehen, im Alltag danach zu leben und zu handeln. In weiteren Aktionen wird den Kindern veranschaulicht, wie viele Menschen auf dieser Erde im »Dunkeln leben« und sich deshalb über jeden kleinen Stern, der zu ihnen kommt, freuen. Diese Erkenntnis kann umgesetzt werden durch einen Besuch bei einsamen alten Menschen, auch bei Aktionen, die armen Kindern helfen. Sterne verbinden die Kinder auf der ganzen Welt. Egal wo sie leben, überall leuchten über ihnen dieselben Gestirne am Nachthimmel.

★ Die Advents- und Weihnachtszeit bringt viele Freuden mit sich. Aber für die Kinder heißt es auch, diese Zeit als die des Wartens zu erleben und das Warten zu lernen. Geheimnisse zu wahren, Spannungen auszuhalten und sogar zu genießen, ist ein weiterer Lernprozess. Während die Erwachsenen zu sentimentalen Gefühlen neigen können, erleben die Kinder diese Zeit mit echter kindlicher Freude, wenn ihnen die Umwelt die Möglichkeit dazu bietet.

★ Alle Sinne werden in dieser Zeit stark angesprochen, sei es beim Backen, wenn die Gewürze gerochen und probiert werden und ein herrlicher Plätzchenduft durchs Haus zieht. Oder durch den Duft von

Kerzen, Tannenzweigen und Südfrüchten bei den Adventsfeierlichkeiten.

Kinder sind ein Teil der Natur – des großen Ganzen. So wie sich die Natur zurückzieht, brauchen auch die Kinder Zeiten der Ruhe, des Rückzuges und der Besinnung. Es ist ein Trugschluss zu glauben, Kinder wollen nur »Action«. Oft finden die Erwachsenen in ihrem täglichen Alltagsstress schwer Zugang zu dieser »stillen Zeit«. Nehmen Sie diese wörtlich und setzen Sie sie so in ihrer Kita um, dass Kinder, wie auch Sie und die Eltern davon profitieren. Sie liebe Erzieherinnen, vermitteln, dass es auch ohne Hektik und Stress gehen kann und diese »stille Zeit«, Körper, Geist und Seele gut tut.

Nehmen Sie die »stille Zeit« wörtlich, damit Kinder und Erwachsene zur Besinnung kommen.

★ Weihnachten, das »Fest des Lichts«, wird an einem der dunkelsten Tage des Jahres gefeiert. Das symbolisiert: Mit der Geburt von Jesus Christus kam Licht in diese dunkle Welt! Weihnachten das »Fest des Friedens«, gewinnt in der heutigen Zeit wieder an Bedeutung, gerade heute wünschen sich die Menschen nichts mehr als Frieden …

Ohne Planung geht es nicht

★ Bald steht Weihnachten vor der Türe. Erwachsene und Kinder wünschen sich zum Fest die weiße Pracht. Leider kann man sich diese nur wünschen. Die besondere Stimmung in den Herzen, die Atmosphäre in den Räumen, die ganze Vorbereitung also, kann man selbst in die Hand nehmen. Rituale und Bräuche und alles drum herum wartet nur darauf, zelebriert zu werden. Nur keine Routine oder gar Stress aufkommen lassen. Das heißt für die Erzieherinnen gut zu planen. Weniger ist oft mehr, und da es vor allem ein Fest für die Kinder ist, sind sie der Maßstab für alle Überlegungen. Nur dann kann man die »stille Zeit« mit den Kindern genießen und das Sinnliche mit dem Besinnlichen zusammen führen.

★ Lange vor dem ersten Advent sollte sich das Team klar werden, in welcher Weise die Kinder dieses Jahr die Vorweihnachtszeit erleben sollen und welche Festtage Sie hervorheben möchten. Es stellt sich die Frage, gehen Sie auf den Barbara- oder Lucia- oder Elisabethentag näher ein und welches Gewicht geben Sie dem Nikolaustag? Es können nicht alle Heiligen in gleicher Weise gebührend gewürdigt werden und so entscheidet man sich entweder für die herkömmlichen und traditionellen Höhepunkte – oder man wagt einmal etwas ganz anderes, etwas Neues. Vielleicht entscheiden Sie sich dieses Jahr dafür, die romantische Stimmung, die uns die Natur in dieser Jahreszeit bietet, zur Festgestaltung zu nutzen. Sie und die Kinder sammeln bestimmt bleibende Eindrücke, wenn Sie dem Nikolaus im Wald begegnen oder am Elisabethentag kleine Lichterschiffchen in einem Teich oder See aussetzen.

Jedes Jahr stellt sich die Frage: Wie soll man Weihnachten in der Kita feiern ohne der Familie vorzugreifen?

★ Jedes Jahr stellt sich die Frage, wie wird Weihnachten in der Kita gefeiert, ohne dem eigentlichen Fest, das in der Familie zelebriert wird, vorzugreifen – wie wird ohne Stress gefeiert? Lassen Sie das traditionelle Krippenspiel der Kinder dieses Jahr von den Eltern aufführen oder ganz ausfallen? Gehen Sie dafür neue Wege mit einer meditativen Betrachtung im versammelten Kreis? Laden Sie die Eltern zu einer Feier mit den Kindern ein oder bieten Sie ihnen einen Bastelabend an. Wie wäre es dieses Jahr mit einem Adventsmarkt, der vielleicht sogar draußen im winterlichen Garten stattfindet?

★ Fragen über Fragen tauchen auf, die wohl überlegt sein müssen. Die organisatorische Planung ist hier auch nicht von einer inhaltlichen zu trennen. Da beispielsweise der Adventskalender ein wichtiger Bestandteil der Pädagogik in der Vorweihnachtszeit ist, muss auch geplant werden, in welcher Form und mit welchen Inhalten er präsentiert wird. Gut überlegt sein müssen auch die Rituale, welche den Ablauf des Tages strukturieren und die eigentliche Weihnachtsstimmung ausmachen. Kinder, die schon vorhergehendes Jahr die Adventszeit in der Kita erlebten, warten sicher auf bestimmte Ereignisse und Rituale und stimmen mit ihren schwärmerischen Erinnerungen die »neuen« Kinder darauf ein. So steht das alljährliche Binden eines Adventskranzes mit den Kindern wenige Tage vorher, spätestens aber am ersten Advent im Vordergrund. Das Anzünden der ersten Kerze, das Öffnen des ersten Päckchens vom Adventskalender und das Singen von Liedern werden sehnsüchtig erwartet.

★ Um Ihnen die zeitliche Planung etwas zu erleichtern, geben wir nachfolgend einige Tipps, die Sie an Ihre Gegebenheiten anpassen können. Inhaltliche Ideen finden Sie in den Bausteinen.

Langfristige Planung

- Ziele und Inhalte zum Thema planen und abgrenzen. Was ist für diese Zeit, dieses Fest das Wesentliche?
- Sich selbst erforschen: Was bereitet mir den so genannten Weihnachtsstress? Wie kann ich dem im Vorfeld Abhilfe schaffen?
- Den Nikolaus und eventuelle Begleiter wie Diener, Krampus und Engel zur Feier organisieren. Termin und Inhalte absprechen.
- Elternabend mit Informationen zum Brauchtum, Sinn und Ablauf der Feste in der Kita anbieten.
- Fest- und Feiertermine rechtzeitig den Eltern bekannt geben, damit sie ihre familiäre Festgestaltung planen können.
- Vor allem aber den Adventsmarkt rechtzeitig planen, damit die Waren hergestellt und entsprechend Werbung betrieben werden kann.
- Eltern für Beiträge zur Festgestaltung in der Kita motivieren.
- Einkäufe von Materialien zur Dekoration und zur Herstellung von Geschenken organisieren.

Die Erzieherinnen diskutieren im Team: Was ist für diese Zeit das Wesentliche?

Mittelfristige Planung

- Kinder auf die Feste einstimmen, insbesondere auf den Nikolausbesuch. Mit dem Nikolaus Feinheiten zum Besuch abstimmen.
- Falls Eltern mitfeiern, Einladungen mit den Kindern herstellen.
- Räume adventlich schmücken.
- Brauchtum wieder beleben oder einführen.
- Rollenspiele, Lieder und Gedichte einführen und üben.
- Plätzchen backen.
- Geschenke für die Eltern basteln.

Kurzfristige Planung

- Vor den jeweiligen Festen Ablauf besprechen, Lieder, Texte und Rollenspiel wiederholen.
- Aufgaben, die bei der Vorbereitung und Durchführung der Feier anfallen, verteilen und genau besprechen.
- Letzte Feinheiten zur Raumgestaltung schaffen.

Tipps zur Elternarbeit

★ Bevor die Eltern zu den jeweiligen Feiern in die Kita kommen, werden sie erst zu einer Abendveranstaltung eingeladen, denn es macht einen großen Unterschied, ob mit Erwachsenen gefeiert wird oder nur mit den Kindern. In einem informativen Teil erfahren die Eltern den Ablauf der geplanten Feier. Meistens werden die Eltern als Gäste erwartet, weniger als Mitwirkende. Wichtig ist es, an diesem Informationsabend auf die Ziele und Schwerpunkte einzugehen, die Sie für die Adventszeit setzen. Die Themen, wie »Nikolaus« und »Schenken« und wie »Wünschen« will gelernt sein, lösen sicher heftige Diskussionen aus. Auch Weihnachten feiern will gelernt sein. Manche Mütter und Väter haben teilweise keine positiven Erinnerungen an Familienfeste. Andere wiederum möchten die schönen Gefühle von damals in ihre eigene junge Familie einbringen und wissen nicht so recht wie. Nach diesem Informationsteil können die Eltern noch bei Punsch und Plätzchen, beim Nähen von Nikolaussäckchen, beim Basteln von Weihnachtgeschenken oder Dekorationen für ihr Zuhause zusammen sitzen. In geselliger Runde lernen die Eltern neue Gestaltungstechniken kennen, die jedoch genügend Raum für individuelles Können und die Verwirklichung eigener Ideen lassen. Die Diskussion um das Thema »Weihnachten« wird sicherlich in kleinen Gruppen weiter verfolgt.

Ein weiteres und wichtiges Thema für die Elternarbeit ist auch die Diskussion um weltanschauliche Inhalte, um Werte und Bräuche.

★ Ein weiteres und wichtiges Thema für die Elternarbeit ist auch die Diskussion um weltanschauliche Inhalte, um Werte und Bräuche. Sollten Sie keine Möglichkeit haben, dazu einen Elternabend anzubieten, wäre es gut, die Ziele, Schwerpunkte und Methoden der Kita den Eltern in einem Brief zu erläutern.

★ Bei den jeweiligen Festen kommen die Eltern als Gäste. Doch wäre es schön, wenn sie einen kleinen musikalischen Beitrag leisten oder ein Krippenspiel für die Kinder aufführen könnten. Einige sind sicher bei der Zubereitung oder beim Servieren von Getränken behilflich, sonst aber sind sie stille Genießer einer Feier, die in erster Linie für die Kinder stattfindet. So versetzen diese Feste Zuschauer und Mitwirkende in gehobene Stimmung.

★ Während der ganzen Adventszeit können Eltern ihre Fähigkeiten in der Kita einbringen. So backen sie in der »Backstube« mit den

Kindern Plätzchen und Lebkuchen nach ihren Lieblingsrezepten. Ein Vater nimmt sich Zeit für die Christkindlswerkstatt und baut mit den Kindern einen großen Engel aus Drahtgeflecht und Pappmaché. Vielleicht spielt in Ihrer Elternschaft eine Mutter oder ein Vater ein Instrument und übernimmt einmal in der Woche einen weihnachtlichen Singkreis. Bei einem Weihnachtsmarkt sind die Eltern unverzichtbare Mitwirkende.

Integration von Kindern anderer Religionen

★ In vielen Kindertagesstätten, ob Stadt oder Land, treffen wir auf Kinder und deren Eltern aus verschiedenen Kulturkreisen und Religionszugehörigkeiten. Die christlichen Heiligen in der Vorweihnachtszeit, wie Nikolaus, Lucia, Barbara und Elisabeth als soziale Figuren gesehen, können durchaus auch für Kinder und Eltern anderer Religionen interessant sein und zur Völkerverständigung beitragen. Klären Sie, in welcher Form diese Feste zu einer kulturellen Begegnung für Menschen verschiedenster Religionen werden können. Die ausländischen Kinder fragen ihre Eltern, ob in dieser Jahreszeit in ihrem Ursprungsland bestimmtes Brauchtum gelebt wird und Kinder, wie auch deren Eltern, berichten in der Kita, wie man bei ihnen feiert. Besonders angesprochen fühlen sich türkische Kinder, da der Hl. Nikolaus aus ihrem Heimatland kommt. Sind Kinder aus nordischen Ländern in der Gruppe, rückt die Hl. Lucia in den Mittelpunkt.

★ Die Kinder sind nicht nur in der Kita und Schule mit Kindern anderer Religionen zusammen, sie leben teilweise in Nachbarschaft und Tür an Tür. Das weckt Neugierde, wie diese Menschen feiern. Die Kinder fragen sich: »Wenn diese Menschen nicht Weihnachten feiern, welche Feste haben sie dann?«. Die religiösen Feste unterschiedlicher Religionen beinhalten ähnliche Themen. Nehmen wir als Beispiel das islamische Zuckerfest, das jüdische Chanuka-Fest oder das hinduistische Diwali-Lichterfest. Zu all diesen Festen wünscht man sich Glück und beschenkt sich liebevoll. So wie im Christentum die Geburt Jesus Christus gefeiert wird, so feiern die Buddhisten die Geburt Buddhas und die Muslimen feiern den Geburtstag Mohammeds. Zu unseren Feiern in der Adventszeit und unserem Weihnachtsfest laden wir Menschen anderer Religionszugehörigkeit als Gäste ein.

Zu unseren Feiern in der Adventszeit und unserem Weihnachtsfest laden wir Menschen anderer Religionszugehörigkeit als Gäste ein.

Festgestaltung

Den Raum weihnachtlich schmücken

Die Natur verabschiedet sich und geht in den Winterschlaf. Sie lässt uns jedoch eine Fülle von herrlichen Früchten, Gräsern und Zweigen zurück. Nichts liegt also näher, als damit unsere Räume für die Weihnachtszeit zu schmücken. Mit Früchten und Gewürzen aus dem Land des Hl. Nikolaus und des Christkindes ergänzen wir unsere heimischen Funde wie Zapfen, Zweige und Moos. Meist bringt ein wenig Natur mehr Stimmung und Romantik als Glanz und Glitter. Natürlich lieben es die Kinder, wenn alles glänzt und strahlt. Nicht weniger erfreut sind sie aber über ihre selbst gesammelten Schätze aus der Natur, die mit etwas Goldfarbe aus dem Töpfchen in weihnachtlichem Glanz erstrahlen.
Aber auch kleine gesammelte Kostbarkeiten, wie Engel, glänzende Weihnachtskugeln, oder geschnitzte Krippenfiguren, dekoriert auf Böden von Moos oder an Zweigen, verbreiten die sehnsüchtig erwartete Weihnachtsstimmung. Engel in allen Variationen haben Saison; sie stehen bei Kindern wie auch Erwachsenen hoch im Kurs. Jeder umgibt sich gerne mit Dingen, die ihm persönlich gefallen und die er liebt und so darf es Weihnachten auch etwas kitschig werden, wenn man sonst die Geschmacksbildung der Kinder, was Ästhetik und Stil anbelangt, berücksichtigt. Kinder lernen, Kitsch von Ästhetik zu unterscheiden oder auch einmal bewusst zu Kitsch zu stehen. In jedem Fall haben Sie als Erzieherin in der Kita die Möglichkeit, den Kindern ästhetisch sinnliche Eindrücke mit Ihrer Raumgestaltung zu verschaffen.

Engel in allen Variationen haben Saison; sie stehen bei Kindern wie auch Erwachsenen hoch im Kurs.

Zu Beginn der Adventszeit reichen wenige ausgewählte Dinge. Es müssen nicht gleich grüne Nadelzweige sein. Heben Sie diese für später auf, bevor sie zu schnell abnadeln. Vielleicht beginnen Sie einmal damit, bizarre, knorrige Zweige und Äste zu dekorieren und hängen erst nur eine kleine goldene Kugel daran, um die sich eine romantische Geschichte rankt (→ S. 49ff.). Je näher aber das Weihnachtsfest rückt, umso üppiger und prächtiger darf es auch in der Kita werden.

Die Farben Rot, Grün, Gold und Silber dominieren bei der Ausschmückung der Räume, es kann auch noch etwas Winterweiß in Form von Engelshaar, Federn aus den »Engelsflügeln« und Watte als Schneeersatz hinzu kommen. Rot wählt man beispielsweise für alle Bänder, Schleifen und Kerzen. Mit Gold und Silber werden Naturmaterialien wie Nüsse verziert und Weihnachtskarten gemalt. Geschenkpapier bekommt einen Gold- und Silberdruck, auch glänzende Weihnachtssterne sind nicht weg zu denken. Ein dürrer, brauner Ast wird mit Folie umwickelt und bekommt so ein weihnachtliches Kleid. Grüne Zweige, es muss nicht immer Tanne sein, auch Fichte, Kiefer, Buchs oder eine Mischung aus allen, werden in alter Tradition in Vasen gesteckt, zu Kränzen und Girlanden gebunden. Damit Sie zur Weihnachtsfeier nicht nur dürres Reisig haben, stellen Sie die frisch angeschnittenen Zweige in ein Gefäß mit Wasser, das mit 2 oder 3 Esslöffeln Glyzerin aus der Apotheke angereichert wurde. Auch Moos in Schalen oder auf Rinden dekoriert, bringt das weihnachtliche Grün ins Zimmer. Mit zartem Grün erfreuen uns Barbarazweige, wenn sie einige Zeit an einem hellen und warmen Platz stehen.

Je näher aber das Weihnachtsfest rückt, umso üppiger und prächtiger darf es auch in der Kita werden.

Auch die Fenster bekommen neue »Kleider«: Sie werden mit Sternen beklebt. Kunstvoll gefaltete Sterne strahlen mit ausgeschnittenen um die Wette. In den Fensternischen leuchten Laternen, die sich in der Dunkelheit in den Scheiben widerspiegeln. Teelichter beleuchten Papierhäuser, diese arrangieren die Kinder auf den Fensterbrettern zu einer Adventsstraße. Jedes Haus ist mit einer Nummer versehen und wird zum wunderschönen Adventskalender. Bei hereinbrechender Dämmerung wird so der Raum sehr stimmungsvoll und romantisch. Adventskalender bergen nicht nur freudige Überraschungen, sie verkürzen die Wartezeit auf das Christkind und sind als zauberhafte Raumdekorationen nicht weg zu denken.

Von der Zimmerdecke hängen Äste, an denen Sterne und Weihnachtsmotive baumeln. Eine Alternative wäre eine lange Bahn aus »silbernem« Maschendraht, quer durch den Raum gespannt. Mit Sternen behangen und vielen kleinen Glühlämpchen, wird er zum Sternenhimmel oder zur »Milchstrasse«. Diese einfache Konstruktion bildet

auch eine günstige Aufhängung für die Päckchen und Säckchen des Adventskalenders. Sie können Zweige hineinstecken und all die schönen gebastelten Weihnachtswerke der Kinder daran aufhängen. Richtig gemütlich und weihnachtlich wird es, wenn die Kuschelecke mit Glitzerkissen und einer Lichterkette am Baldachin ausgestattet ist. Sie wird so zur weihnachtlichen Ruheinsel.
Überall wohin man sieht, können modellierte, aus Holz gesägte und aus Teig ausgestochene Engel dekoriert werden. Ein großer Himmelsbote, gemeinsam mit den Kindern aus Pappmaché modelliert, schwebt als Mittelpunkt über den Köpfen aller in der Eingangshalle oder im Grupperaum.
In der Weihnachtszeit hängen Kränze, wohin man sieht: Ein Türkranz stimmt die Besucher schon ein, bevor sie unseren herrlich geschmückten Raum betreten. Der traditionelle Adventskranz auf dem Jahreszeitentisch, mit den Kindern geflochten und geschmückt, ist nicht nur Dekoration, er bildet den Mittelpunkt der täglichen Adventsfeier und erfüllt den Raum mit dem Duft seiner Zweige. Nicht nur das Auge wird weihnachtlich gestimmt, denn wesentlich sind die Düfte und Gerüche, welche Erinnerungen, Gefühle und Stimmungen in uns auslösen. Mit Weihnachten verbinden wir die feinsten Düfte. Eine Schale mit Potpourri, ein mit Nelken gespickter Pomander, das Aroma von frischen Tannenzweigen und getrockneten Apfelringen lassen die Herzen höher schlagen. Weht dazu noch der Duft von Plätzchen und Pfefferkuchen durchs Haus, ist unverkennbar Weihnachten.

Der traditionelle Adventskranz bildet den Mittelpunkt der täglichen Adventsfeier.

Nicht nur die Halle und die jeweiligen Gruppenräume der Kita werden weihnachtlich geschmückt, auch die so genannten Intensiv- und Ausweichräume, bekommen ein besonderes weihnachtliches Flair. Mit wenig Aufwand werden diese Zimmer zur Christkindlwerkstatt, in der Weihnachtliches gebastelt wird und die Geschenke hergestellt werden. Ein Raum ist ab dem ersten Advent zur Engelbackstube umfunktioniert, alles, was man zum Backen braucht, befindet sich dort. Ein kleines Zimmer wird mit vielen Sternen, Kissen und Decken zum himmlischen Sternenraum, in dem es so richtig anheimelnd und kuschelig ist. Dort lauschen die Kinder Geschichten und Märchen, hören Weihnachtsmusik und machen in ihrer Fantasie die himmlischsten Reisen.

Festideen für Groß und Klein

Rituale

Rituale und Bräuche bestimmen die Adventszeit! Sie tragen viel zur emotionalen Stimmung des Tages- und Wochenablaufs bei. Alte Traditionen werden wach gehalten und lassen damit jedes Fest zu etwas Besonderem werden. Die Gestaltung der Zeit vor den Festen ist enorm wichtig. Jeder, ob Erwachsener oder Kind, zehrt von der Einstimmung, von der Spannung und Vorfreude, denn das Fest selbst ist leider immer schneller vorbei, als gewünscht.
Besonders Kinder haben den Wunsch nach Wiederholung von Altbekanntem und Ähnlichem. Rituale fördern im Kind das Grundvertrauen und das Gefühl von Verlässlichkeit und Kontinuität im Leben. Rituale betreffen in der Kita die Raumgestaltung, den Tagesablauf und die Wochenstruktur. Jeder Tag wird zu etwas Besonderem durch die Wiederholungen, die es nur zur Adventszeit gibt. Und so kann jeder neue Tag von den Kindern mit Spannung und Freude erwartet werden.

Rituale fördern im Kind das Grundvertrauen und das Gefühl von Verlässlichkeit und Kontinuität im Leben.

Beginnen Sie morgens mit meditativer Musik im Hintergrund. Schon beim Ankommen der Kinder ist der Raum erfüllt mit Klängen. Auf das elektrische Licht wird verzichtet. Stattdessen leuchten Kerzen in Gläsern und Laternen. Eine Aromalampe verbreitet »Adventsduft«. Ein besinnlicher, wohlig entspannter Morgenkreis mit anschließendem Tee folgt. Gerade Kinder, die nur am Vormittag in der Kita sind, würden sonst die heimeligen Stunden der frühen Dämmerung am Nachmittag, die bei Kerzenschein verbracht werden, vermissen.
Das Singen von Liedern, das Anzünden der Kerzen am Adventskranz und das Öffnen des Adventskalenders sind sehnsüchtig erwartete Augenblicke für die Kinder. »Wer darf wohl diesmal öffnen, und was wird drin sein?«, ist die tägliche prickelnde Frage. Ein starkes emotionales und soziales Erlebnis vermittelt ein Adventskalender, der jeden Tag »schöner« und »heller« wird. Die Kinder erleben im täglichen Ritual, wie sie mit ihren Taten und Werken einen großen Beitrag leisten.
Das gemütliche Zusammensein bei Geschichten und Märchen in der Kuschelecke im flackernden Schein von Kerzen oder im Leuchten

einer Lichterkette, wird täglich zum heimeligen Ritual. Die Kinder genießen die Geborgenheit, staunen über die Erzählungen, die vom Jesuskind berichten und amüsieren sich über so manche Wintergeschichte und manches Weihnachtsmärchen. Manche Geschichten regen auch zum Nachdenken und Diskutieren an, auch das lässt sich in kuscheliger Runde gut machen.
Sie können den jeweiligen Wochentagen eine Bestimmung geben. So gibt es jeden Freitag ein Adventsfrühstück bei Kerzenschein und Musik. Die Kinder genießen Tee oder heiße Schokolade und Plätzchen – natürlich selbstgebacken. Auch die Getränke bereiten die Kinder selbst zu. Für Nachmittagsgruppen gibt es bei Einbruch der Dämmerung eine ritualisierte Teestunde. Wie wäre es mit einem Meditations- und Entspannungstag am Montag? Die Kinder hören Fantasiereisen, die inhaltlich zum Thema passen, erleben das Flackern einer Kerze bewusst und beschaulich und beschäftigen sich hinterher ausgiebig mit Malen oder Legen. So verarbeiten sie vielleicht ein hektisches Wochenende zu Hause und finden wieder Anschluss an die Adventsstimmung in der Kita.

Die Adventstage werden unvergesslich, da immer etwas Feines zum Naschen zubereitet wird.

Die Adventstage werden unvergesslich, da immer etwas Feines zum Naschen zubereitet wird. Die Kinder stellen alles in der Engelbackstube selbst her. So gibt es einmal einen Bratapfeltag und an einem anderen Tag werden unendlich viele Nüsse geknackt und verspeist. Die Schalen werden bemalt und mit Aufhängern versehen oder, ausgegossen mit Wachs, zu einer Schwimmkerze. Ein Orangentag darf nicht fehlen: Orangen und Mandarinen spickt man mit Nelken zu Pomandern oder sie werden kunstvoll geschält und aus der Schale mit Plätzchenformen weihnachtliche Motive ausgestochen, die herrlich duften – das saftige Fruchtfleisch wird danach von den Kindern genossen.
Das Wichteln ist vielerorts ein traditionelles Ritual, das es nur in der Adventszeit gibt. Diese Heimlichkeiten zu pflegen, diese Spannung auszuhalten und dazu noch vor Weihnachten etwas geschenkt zu bekommen, sind äußerst beliebte Momente bei den Kindern. – Und es macht ihnen Spaß, mit Liebe und Geheimhaltung ein Geschenk für jemand anderen zu machen.

All diese Rituale sind sinnliche Momente für die Kinder. Sicher haben Sie selbst noch viele schöne, Ihnen und Ihren Kindern lieb gewonnene Rituale für die Adventszeit.
Nachfolgend geben wir einzelne Beispiele, wie Sie die Weihnachtsfeier in Ihrer Kita gestalten können, falls Sie nicht bei Ihrer erprobten Festgestaltung bleiben wollen. Vielleicht haben Sie aber auch Lust, unsere Ideen mit Ihren zu kombinieren – oder eine Festgestaltung individuell aus unseren Bausteinen zusammenzustellen.

Feier in der Kita

Endlich ist es soweit, das Christkind kommt, zumindest in der Kita. Zu Hause müssen die Kinder noch geduldig bis zum 24. Dezember warten. Aus zeitlichen Gründen wird das Feiern und Schenken in der Kita etwas vorverlegt. Die Geschenke gehören ganz besonders zu diesem Fest, sind aber neben den vielen anderen Elementen der Gestaltung nur ein kleiner Teil davon. Fein herausgeputzt kommen die Kinder in die Kita. Aufregung und Knistern liegt in der Luft. Die freudige Ungeduld wird durch das »Proben« der Lieder und Gedichte, wie durch das Besprechen des Feierablaufs in entspannte Bahnen gelenkt. Der Adventskalender wird zum letzen Mal geöffnet oder, je nach Art, vervollständigt. Die Kinder bauen an der Krippe weiter, Maria und Josef erreichen in Betlehem den Stall. Der letzte Strohhalm aus dem Adventskalender wird in die Futterkrippe gelegt, damit das Jesuskind weich darauf gebettet ist. Die Erzieherin holt eine kleine verzierte Spanschachtel hervor, vorsichtig öffnet ein Kind den Deckel. Die Schachtel wird herum gereicht und alle Kinder sind entzückt, wenn sie darin das Christkind erblicken. Vorsichtig nimmt die Erzieherin das Jesuskind heraus und legt es in die Krippe. Im Anschluss kann »Die Nacht der Hirten« (→ S. 40) vorgelesen werden.

Endlich ist es soweit, das Christkind kommt, zumindest in der Kita. Zu Hause müssen die Kinder noch geduldig bis zum 24. Dezember warten.

Meditativer Einstieg

Hierzu eignet sich am Besten ein Nebenraum. Alle sitzen im Kreis am Boden. Beleuchtete Laternen, eine Lichterkette, der Adventskranz und der Duft einer Aromalampe bringen weihnachtliche Stimmung in den verdunkelten Raum.

Die Weihnachtsfeier, ob mit oder ohne Eltern, beginnt mit Elementen, die zur inneren Ruhe und Besinnung führen. Mit einer Meditation, wie das »Legen einer Adventsspirale« (→ S. 51f.) oder mit einer symbolischen Geste wie »Licht verschenken« (→ S. 62f.), stimmen Sie die Feiergesellschaft auf den Sinn des Festes ein. Es folgen die beliebten und von den Kindern mit Freude gelernten Lieder und Gedichte, die alle Herzen höher schlagen lassen.
Danach nehmen die Kinder ihre Lichter mit und ziehen feierlich in den stimmungsvoll geschmückten Gruppenraum, wo das Fest fortgesetzt wird.
Das Zimmer ist während der Adventszeit täglich reicher und schöner geschmückt worden. Für die Feier selbst mussten nur noch kleine Details ergänzt werden. Besonders reizvoll sind die Tische gestaltet, die zu einer großen Tafel zusammen gestellt sind. In der Mitte der Tische liegen Tannengrün und Moos als Band über die gesamte Länge der Tafel, auf dem polierte Äpfel, Mandarinen und Nüsse gebettet sind. Dazwischen leuchten Laternen und Glitzersterne um die Wette. Die bunten Plätzchen auf den Tellern und alles, was so gegessen werden kann, ist erst einmal Dekoration.

Mit großer Spannung werden die Geschenke für die Gruppe ausgepackt. »Ob wohl unsere Wünsche erfüllt worden sind?«

Geschenke unter goldenem Tuch

In einer Ecke des Zimmers sind unter einem großen goldenen Tuch die ersehnten Geschenke versteckt. Die Kinderaugen glänzen vor Freude, wenn gemeinsam das goldene Tuch entfernt wird und ein Berg voller liebevoll verpackter Päckchen vor ihnen liegt. Mit großer Spannung werden die Geschenke für die Gruppe ausgepackt. »Ob wohl unsere Wünsche erfüllt worden sind?« – Kleinere Päckchen für die Eltern können gleich überreicht oder als Geheimnis für den 24. Dezember mit nach Hause genommen werden. Zum Spielen mit all den schönen Dingen bleibt ein anderes Mal Zeit, denn:

Die Festtafel lädt ein

Die Kinder und gegebenenfalls auch die Eltern nehmen an der Festtafel Platz und erfreuen sich beim Anblick und Genuss der Köstlichkeiten, auf die sie schon so lange warten mussten. Der Weihnachtstee, die Mandarinen und vor allem die selbstgebackenen Plätzchen haben noch nie so fein geschmeckt …

Ausklingen lassen

Ein gemeinsames Lied zum Abschluss verbindet alle noch in trauter Runde, bevor sie sich für eine Weile in die Ferien verabschieden. Ist noch der Sinn zum Zuhören da, setzt die Geschichte von den »goldenen Weihnachtskugeln« (→ S. 49ff.) einen poetischen Abschluss, zu dem es als Geschenk eine kleine goldene Weihnachtskugel für jedes Kind gibt.

Weihnachtsfeier klassisch

Die Erzieherinnen sprechen weihnachtliche Begrüßungsworte und geben die wichtigsten Informationen zum Ablauf der Feier. Das gemeinsame Singen von Weihnachtsliedern und Aufsagen von Gedichten bildet einen stimmungsvollen Einstieg. (Dazu für die Eltern Lieder und Gedichte kopieren, die sie dann auch mit nach Hause nehmen können.)

Der Höhepunkt dieser Feier wird ein Krippenspiel (→ S. 66ff.) sein, das von den Kindern aufgeführt wird. Oder wie wäre es, wenn sich einmal die Eltern zu Schauspielern verwandeln und zum Staunen der Kinder das Weihnachtsgeschehen darstellen?

Anschließend, wie oben beschrieben, sitzen alle an der stimmungsvoll dekorierten Weihnachtstafel zusammen und genießen die selbstgebackenen Naschereien.

Zum Abschluss gibt es die geheimnisvoll verhüllten Geschenke. Mit dem Singen eines Liedes, das alle noch einmal feierlich vereint, gehen die Kinder freudestrahlend in die Ferien.

Wer dieses Jahr Weihnachten einmal ganz anders erleben möchte, dem empfehlen wir die stimmungsvolle:

Weihnachtsfeier im Wald

Natürlich wünschen wir uns für die Weihnachtsfeier einen tief verschneiten, glitzernden Wald. Ein Wald ist aber auch ohne Schnee zu jeder Jahres- und Tageszeit romantisch – und ganz besonders, wenn wir Spuren des Christkindes finden. Wir ziehen uns warm an und packen den Handwagen. Eine Dose mit selbst gebackenen Plätzchen und Tee in der Thermoskanne kommen mit. Was aber für die Kinder noch größere Bedeutung hat, ist die liebevoll gebastelte Dekoration für einen Christbaum. Girlanden, Anhänger und Kerzen mit Halterung werden vorsichtig in kleine Schachteln gepackt und in den Wagen gelegt. Das Feuerzeug, der Brief vom Christkind an die Kinder, die Zettel mit den Wünschen der Kinder an das Christkind und die Lebkuchendose dürfen keinesfalls vergessen werden. Für die Rehe haben die Kinder bereits im Herbst Kastanien und Eicheln gesammelt und auch etwas Heu vom Rasen der Kita beiseite gelegt. Vor kurzem haben wir noch Futtersterne für die Vögel zubereitet und nicht zu vergessen der kleine Weihnachtstern, mit dem wir die Futterkrippe der Rehe schmücken wollen. Laternen und Taschenlampen brauchen wir für den Rückweg in der Dämmerung, und zur Begleitung der Lieder nimmt eine Erzieherin ihre Gitarre mit. Auf Wunsch der Kinder legen wir noch weitere Instrumente, wie Schellenband und Triangel, in den Handwagen. Der Weg durch den Winterwald ist nicht lang, denn es gibt immer wieder etwas Schönes zu entdecken: gefrorene Wasserpfützen, Stöcke, Tierspuren und vieles mehr. Natürlich halten die Kinder stets Ausschau nach dem Christkind. Ein Kind glaubt es schon gehört zu haben, andere Kinder

meinen, dass es sicher nicht vor dem 24. Dezember kommt. Die Spuren im Schnee werden für die Kinder immer interessanter und sie diskutieren, ob das Christkind wohl Fußspuren hinterlässt. »Engel sicher nicht«, meint ein Kind, »die können nämlich fliegen«. Die Erzieherinnen »wissen das nicht so genau« und so bleibt für die Kinder Spannung und Raum, sich in ihrer Fantasie alles Erdenkliche auszumalen. An einer kleinen Wegkreuzung sind wir nicht ganz sicher, welchen Pfad wir nun einschlagen sollen, bis wir Dinge entdecken, die für den Wald ungewöhnlich sind. Ein glitzernder Stern liegt am Wegesrand. Einstimmig meinen die Kinder: »Den hat das Christkind oder ein Engel verloren!« In großer Aufregung folgen wir dieser Spur. Die Spannung steigt erneut, als die ersten »Spürnasen« wunderschönes langes Engelshaar und eine goldene Kugel an einer kleinen Fichte hängen sehen. Die Fundstücke nehmen wir vorsichtig ab und legen sie in den Handwagen. Unser Weg führt an einer Futterkrippe vorbei. Dort leeren wir unseren Sack mit Kastanien, Eicheln und Heu aus, binden einen kleinen Stern an das Dach und wünschen den Rehen »frohe Weihnachten«! Die Kinder sind sehr glücklich über ihre gute Tat und hoffen, dass sie dabei von den Rehen aus sicherer Entfernung beobachtet werden. An einen Baum in der Nähe hängen wir den Futterstern für die Vögel zu Weihnachten auf.

Hinterlassen Engel Fußspuren im Wald?

Als wir auf einer kleinen Lichtung eine Tanne mit einem Glöckchen daran erspähen, entscheiden wir, hier unsere kleine Waldweihnacht zu feiern. Jedes Kind hängt seinen gebastelten Weihnachtsschmuck an den Baum. Alle sprechen leise, damit sich kein Wichtel, kein Tier im Wald und vor allem das Christkind und die Engel nicht gestört fühlen. Außerdem haben die Kinder in der Kita schon die Geschichte von der »schönsten Waldweihnacht der Tiere« (→ S. 43ff.) gehört, an deren Inhalt sie sich nun auch erinnern. Sie verhalten sich so, dass das Schmücken des Baumes für alle zum Vergnügen wird. Besonders feierlich wird es, als die Erzieherinnen die Kerzen anzünden und alle Kinder sich im Kreis um den Baum stellen. Zu Beginn reiben sie sich die Hände und geben die Wärme mit einem Händedruck im Kreis weiter. Danach singen sie die geliebten Weihnachtslieder und sagen die Gedichte auf. Die Augen der Kinder strahlen mit dem Leuchten der Kerzen um die Wette. Beinahe hätten alle den Umschlag mit den Wünschen an das Christkind vergessen. Nachdem sie am Baum hän-

Die Kinder hängen ihre Weihnachtswunschzettel an den Baum.

gen, schließen die Kinder kurz die Augen und denken ganz fest an ihren Wunsch. Nun ist es an der Zeit, sich mit Tee aufzuwärmen und die Plätzchen zu genießen. Zur Überraschung aller findet eine Erzieherin »zufällig« eine wunderschöne Dose mit Lebkuchen und einen Brief vom Christkind darin. Im Brief steht, dass sich das Christkind über die schöne Feier im Wald sehr freue, und es bald Geschenke zu den Kindern nach Hause bringen wird. Bevor wir wieder unseren Heimweg antreten, versammeln sich die Kinder nochmal im Kreis um den Baum, der Reihe nach läutet die Erzieherin bei jedem Kind mit dem Glöckchen, dieses geht zur Tanne, bläst eine Kerze aus und wünscht allen »Fröhliche Weihnachten«. Die Laternen leuchten uns in der Dämmerung auf dem Weg nach Hause. Ab und zu wird ein Lied angestimmt, ansonsten ist es ein besinnlicher, romantischer Heimweg. Ein geschmückter Baum im Wald kann natürlich so nicht zurückgelassen werden. Unbemerkt von den Kindern, räumt ein Erwachsener am nächsten Tag oder gleich im Anschluss an die Feier den Baum ab.
Zurück in der Kita finden die Kinder für die gesammelten Schätze wie Engelshaar, Stern und Glöckchen einen ganz besonderen Platz.

Organisatorischer Tipp: Besprechen Sie Ihr Vorhaben, eine Waldweihnacht zu feiern, mit dem zuständigen Förster, den Sie über das Forstamt ausfindig machen können.

Weihnachtsmarkt

Eine beliebte Alternative zur Adventsfeier in der Kita ist der Weihnachtsmarkt, dessen Erlös einer guten Sache gespendet wird, – und warum auch nicht einmal dem Hause selbst. Engagierte Eltern basteln und backen begehrte Waren zum Verkauf. Die Mütter binden zum Beispiel Adventskränze, arrangieren Adventsgestecke und bringen andere Hobbys voll zum Einsatz. Das kann bemalte Seide sein, Christbaumschmuck aus allen erdenklichen Materialien, gezogene Kerzen, modellierte Kerzenhalter oder eines der Windlichter (→ S. 73f.) aus der Christkindlwerkstatt.
Vielleicht können Sie auch Väter begeistern, aus Holz ausgesägte Engel (→ S. 75f.) und andere Weihnachtsmotive herzustellen. Wer

weiß, vielleicht bringt auch der eine oder andere Vater stolz und unvermutet Werke aus seiner Hobbywerkstatt mit.
Die Kinder liefern ihren Beitrag mit bedrucktem oder marmoriertem Geschenkpapier, Weihnachtskarten, Baumschmuck, Duftpotpourri und Mooskugeln – also mit Dingen, die weihnachtlichen Zauber vermitteln, dazu einfach und mit Spaß hergestellt werden können.
Ein wichtiger Bestandteil des Weichnachtsmarktes ist das kulinarische Angebot. Allein schon die Düfte von Gebäck, Gemüsekuchen, Punsch, Glühwein oder Weihnachtstee und ganz besonders der von frisch gebackenen Waffeln zieht die Gäste in den Bann. Die Leckerein laden zum Verweilen und Entspannen ein.
Großer Wert wird auf die Atmosphäre gelegt. Alle Gäste sollen nicht nur einkaufen, sondern auch in weihnachtliche Stimmung versetzt, also ein bisschen verzaubert werden.
Die Verkaufstände sind mit Tüchern, Zweigen und Windlichtern geschmückt und die Geschenke, die zum Verkauf angeboten werden, sind dekorativ platziert.

Besonders stimmungsvoll ist ein Weihnachtmarkt draußen im Garten. Mehrere kleine, weiße Partyzelte werden in der Elternschaft ausgeliehen und im Garten aufgestellt. In der Mitte stehen Tische für die Waren, hier kann man sich mit Tapeziertischen, die schnell aufgestellt sind, helfen. Eines der Zelte wird zum Feinkostladen oder Naschmarkt. Überall, wohin man sieht, leuchten Laternen und Windlichter auf den Tischen, sogar an den Bäumen und in der Wiese. Falls Schnee liegt, könnten die Kinder im Garten verteilt kleine Iglus bauen, in denen Lichter leuchten. Bereits vor dem Haus weisen Lichter den Gästen den Weg.
Der Weihnachtszauber wird perfekt, wenn die Gäste am Eingang von »Engeln« begrüßt werden, die ihnen himmlischen Goldstaub in die Haare, ins Gesicht oder auf die Hand geben. Das verleiht allen ein weihnachtliches Funkeln und sicher ein kleines Lächeln. Mit all diesen Gestaltungselementen schaffen sie den Zauber eines Festes.

Festausklang

Jedes Fest hinterlässt bei den Kindern viele bleibende Eindrücke. Das gilt ganz besonders für das Weihnachtsfest.

Jedes Fest hinterlässt bei den Kindern viele bleibende Eindrücke. Das gilt ganz besonders für das Weihnachtsfest, dem stets eine Reihe glanzvoller Ereignisse in der Adventszeit vorauseilen. Bis ins Erwachsenenalter begleiten uns die Erinnerungen dieses stimmungsvollen Festes. Die Weihnachtsfeier in der Kita, die Ereignisse um das Christkind zu Hause und das anschließende Fest an Silvester wollen verarbeitet werden. Die Kinder erzählen nach den Ferien vieles von sich aus. Die Erzieherin muss das Bedürfnis aufgreifen und den Kindern Möglichkeiten zur Verarbeitung und Vertiefung geben. Im Mittelpunkt stehen sicher die Geschenke des Christkindes, die zum Spielen aufrufen. Alles Neue in der Kita ist heiß begehrt und deshalb heißt es auch, alles Gelernte über »Teilen«, »Frieden« und »Gemeinsamkeit«, in die Tat umzusetzen. Die sozialen Ziele sind in vorangegangenen Festen immer wieder erarbeitet worden und so ist die Atmosphäre in der Gruppe geprägt von einer guten Gemeinschaft.
All zu gerne würden die Kinder ihre Spielsachen, die ihnen das Christkind brachte, in die Kita mitbringen und den anderen Kindern zeigen! – Warum nicht? – Legen Sie dafür einen Tag nach den Ferien fest und die Kinder laden sich gegenseitig zum gemeinsamen Spielen ein.

Bausteine

für die praktische Arbeit

Gedichte und Geschichten

Die Weihnachtsgeschichte
I Ein Engel verkündet die Geburt Jesu

Die Geschichte, die ich euch heute erzählen will, geschah vor langer Zeit in einem fernen Land. Vor mehr als zweitausend Jahren lebte in der Stadt Nazareth eine junge Frau namens Maria. Sie wohnte mit ihren Eltern unter einem Dach. Die Familie war arm, das Haus einfach und der Gemüsegarten davor winzig. Zum Haus gehörten noch ein Stall, darin lebten ein paar Hühner, eine Ziege und ein altersschwacher Esel. Die Hühner versorgten die Familie mit Eiern, die Ziege mit Milch und mit dem Esel konnten sie zum Markt reiten. So waren sie alle mit ihrem Leben zufrieden.
Arbeit gab es genug in Haus und Stall. Die Tiere mussten versorgt, der kleine Garten gepflegt und das Haus in Ordnung gehalten werden. Maria half, wo sie gebraucht wurde. Am liebsten ging sie zum Brunnen, um Wasser zu schöpfen. Hier traf sie ihre Freundinnen, Nachbarinnen und es gab immer viel zu erzählen. Auch Maria hatte Neuigkeiten; sie hatte sich mit Josef, einem Zimmermann, verlobt.
Eines Tages war Maria allein im Haus. Ihre Eltern besuchten den Markt und waren schon frühmorgens aufgebrochen. Maria verspürte eine seltsame Unruhe. Die täglichen Arbeiten im Haus und im Garten wollten ihr heute nicht so recht gelingen. Müde setzte sie sich auf einen Stuhl, um sich auszuruhen, doch es kehrte keine innere Ruhe ein. »Sonderbar, dachte Maria, diese Stille um mich herum! Ich höre keinen Vogel zwitschern, kein Blatt bewegt sich am Baum und selbst die Tiere im Stall sind stumm. Das ist eine Stille wie kurz vor einem Gewitter und doch ist kein Wölkchen am Himmel zu sehen!«

Plötzlich verspürte sie einen Windhauch und schrak aus ihren Gedanken auf. Vor ihr stand ein Fremder in leuchtendem Gewand. »Fürchte dich nicht Maria! Gott schickt mich zu dir, er hat mit dir etwas ganz besonderes vor. Habe keine Angst, sondern freue dich. Gott hat dich auserwählt, Maria. Bald wirst du einen Sohn bekommen. Es ist Gottes Sohn und du wirst ihn Jesus nennen. Er ist der König, auf den die Menschen warten.« Maria wunderte sich: »Warum hat Gott ausgerechnet mich ausgewählt? Ich bin doch mit Josef verlobt und nun soll ich den Sohn Gottes unter meinem Herzen tragen?« Der Engel antwortete: »Bei Gott ist nichts unmöglich. Er gibt dir die Kraft, sein Kind zu tragen!«
Maria hatte nun keine Angst mehr, sie war ganz ruhig und vertraute dem Boten Gottes. Sie antwortete: »Wenn Gott es will, soll es so geschehen!« Als der Engel seinen Auftrag erfüllt hatte, verließ er das Haus. Maria berichtete Josef von der wunderbaren Begegnung mit dem Engel und erzählte ihm, dass sie bald ein Kind bekommen würde. Ungläubig lauschte Josef ihren Worten.
In der Nacht hatte Josef einen Traum. Ein Engel sprach zu ihm: »Josef, alles was dir Maria berichtet hat, ist wahr und von Gott gewollt!« Als Josef am Morgen aufwachte, war er noch ganz erfüllt von seinem Traum. Alle Zweifel, die er noch am Tag zuvor hatte, waren verflogen. Nun freute er sich mit Maria über die große Aufgabe, die sie erfüllen durften.

II Die Geburt im Stall

In Rom lebte damals Kaiser Augustus. Er war mächtig und regierte ein riesiges Reich. Dazu gehörte auch das Land, in dem Josef und Maria lebten. Eines Tages kamen Boten des Kaisers nach Nazareth. Trommler begleiteten sie und die Boten verkündeten dem Volk: »Der Kaiser will wissen, wie viele Menschen in seinem Land leben. Hört auf den Befehl des Kaisers Augustus! Jeder muss dorthin gehen, wo er geboren wurde und seinen Namen aufschreiben lassen!« Von Nazareth, wo Josef und Maria ihr Zuhause hatten, war es ein weiter Weg nach Betlehem. Maria wäre lieber daheim geblieben. Dort fühlte sie sich wohl und dort wollte sie in aller Ruhe ihr Kind zur Welt bringen. Doch sie mussten dem Kaiser gehorchen.

Sie hatten eine lange Wanderung vor sich. Maria und Josef waren arme Leute und besaßen weder Pferd noch Wagen. Doch ihr Esel begleitete sie und wenn Maria müde war, konnte sie sich auf ihn setzen und ein wenig ausruhen. Den ganzen Tag zogen sie durch das steinige Hügelland. Die Sonne brannte heiß vom Himmel. Für Maria war der Weg besonders beschwerlich. Sie spürte, dass sie bald ihr Kind bekommen würde.

Erschöpft von der langen Reise kamen sie endlich in Betlehem an. Die Straßen waren voll von Menschen, die ebenfalls in ihre Geburtsstadt gekommen waren, um sich zählen zu lassen. Maria und Josef brauchten ein Zimmer für die Nacht. Doch in all den Herbergen, in denen Josef sich nach einem Zimmer erkundigte, hörte er immer das gleiche: »Alles ist belegt, wir haben keinen Platz mehr!« Voller Sorge um seine hochschwangere Frau versuchte es Josef noch ein allerletztes Mal. Sie hatten Glück, denn der Wirt hatte Mitleid mit beiden. Er führte Maria und Josef zu einem Stall auf dem Feld. »Da habt ihr wenigstens ein Dach über dem Kopf und es ist besser als draußen in der kalten Nacht!« Hier konnten Maria und Josef bleiben. Der Stall war warm und trocken.

Noch in der Nacht kam das Jesuskind zur Welt. Maria nahm es und wiegte es in ihren Armen. Dann wickelte sie es in Windeltücher und legte es in eine Futterkrippe. Glücklich betrachteten Maria und Josef den Kleinen. – Über dem Stall erstrahlte ein großer heller Stern.

III Die Nacht der Hirten

Auf den Weiden, nicht weit von Betlehem, wachten Hirten über ihre Herden. Es war Nacht und die Schafe schliefen. Die Hirten saßen zusammen und wärmten sich am Feuer. Über ihnen funkelten unzählig viele Sterne und in jener Nacht war der Mond nur eine kleine Sichel. Die Nacht war still und so finster, dass die Hirten ihre Schafe und Lämmer kaum sehen konnten. Doch sie wussten, dass kein Tier fehlte. Plötzlich war ein Rauschen in der Luft. Mitten in der Nacht war es ganz hell und ein wundersamer Gesang ertönte. Die Hirten schauten zum Himmel empor und waren geblendet vom funkelnden Lichterschein. Als die Hirten den Engel sahen, fielen sie erschrocken auf die Knie. Er sprach zu ihnen: »Fürchtet euch nicht, ich bringe euch eine frohe Botschaft. Heute Nacht ist in einem Stall ein Kind geboren. Es ist Gottes Sohn, auf den ihr so lange gewartet habt. Das Kind liegt in einer Futterkrippe, nicht weit von hier. Ein heller Stern wird euch den Weg zeigen!« So plötzlich wie der Engel gekommen war, verschwand er wieder. Es war wieder still und dunkel. Die Hirten schauten zum Himmel hinauf und da sahen sie den leuchtenden Stern. Sie riefen: »Kommt, lasst uns dem Stern folgen!« Eilig machten sie sich auf den Weg, um das Jesuskind zu sehen. Am Stall angekommen, sahen sie Maria, Josef und das Kind, das in einer Krippe lag. Sie knieten nieder und beteten. Dann erzählten sie Maria und Josef, was der Engel ihnen über das Kind gesagt hatte. Bald sprach sich das wunderbare Geschehen herum und viele kamen zur Krippe, um das Kind zu sehen. Die Nachricht verbreitete sich schnell, denn einer erzählte sie dem anderen. Und so kommt es, dass wir heute wissen, was in der Heiligen Nacht geschah.

Anregungen

Malen der Szenen auf großformatiges Papier. Die einzelnen Bilder in entsprechender Reihenfolge auf eine Tapetenrolle kleben. Im Rahmen einer Weihnachtsfeier Szene für Szene abrollen und die Weihnachtsgeschichte gemeinsam erzählen. Besitzt die Einrichtung einen Tageslichtprojektor, so können die Szenen auf Folien gemalt und an die Wand projiziert werden. Krippenspiel (→ S. 66ff.).

IV Die Weisen aus dem Morgenland

Als das Jesuskind geboren wurde, ging am Nachthimmel ein strahlend heller Stern auf. Einen Stern wie diesen hatten die Menschen noch nie gesehen. Er war so ungewöhnlich, dass die Sterndeuter wissen wollten, was es mit ihm auf sich hat. Drei weise und gelehrte Männer aus dem Osten waren sich sicher: »Das ist der Königsstern! Ein König soll im Land der Juden geboren werden. Wir wollen uns auf den Weg machen und ihm Geschenke bringen!« Die drei Männer folgten dem Stern. Caspar, der Mohr, hatte seine Kamele mit Myrrhe, einem Duftöl, beladen. Balthasar wollte dem neugeborenen König duftendes Harz schenken und so füllte er Weihrauch in die Fässer. Melchiors Tiere trugen eine besonders schwere Last, Goldbarren in Kisten waren auf den Kamelsätteln festgezurrt. Steinig und voller Gestrüpp war der Weg und Staub bedeckte die kostbaren Mäntel der Reisenden. Die Männer hatten Glück, der Stern wies ihnen den Weg und sie zogen sicher nach Jerusalem. So kamen sie zum Palast des König Herodes. Sie fragten ihn: «Wo ist der neugeborene König der Juden? Wir haben

seinen Stern aufgehen sehen und sind gekommen, um ihn zu sehen!« Herodes erschrak. Er wollte alleine das Land regieren und hatte Angst vor einem neuen Herrscher. Doch Herodes ließ sich seine Furcht nicht anmerken. Zu den Männern sagte er: »Geht nach Betlehem, sucht das Kind und sagt mir, wo es geboren wurde. Auch ich möchte es sehen und ihm huldigen!« Nach diesen Worten des Königs brachen die Gelehrten auf und der Stern zeigte ihnen den Weg nach Betlehem. Sie fanden das Kind und breiteten ihre Geschenke vor ihm aus: Gold, Weihrauch und Myrrhe.
Im Traum erschien ihnen Gott und warnte sie: »Geht nicht zum Palast des Herodes zurück. Er will das Kind töten! Meidet Jerusalem und wählt einen anderen Weg nach Hause!«

V Die Flucht nach Ägypten

Nachts erschien Josef ein Engel im Traum: »Herodes sucht euch. Er will das Kind töten, weil er Angst vor einem neuen Herrscher hat. Flieh mit dem Kind und Maria nach Ägypten. Dort seid ihr sicher vor den Soldaten des Königs!« Noch in derselben Nacht machte sich Josef mit seiner Familie auf den langen Weg durch die Wüste nach Ägypten.
Herodes war wütend, als die weisen Männer nicht zu ihm zurückkehrten. Zornig befahl er seinen Soldaten: »Tötet alle Knaben in der Stadt Betlehem, die jünger als zwei Jahre sind!«
Maria, Josef und das Jesuskind kehrten erst aus Ägypten in ihre Heimat zurück, als Herodes gestorben war.

Wichtelvers

Leise, leise, mucksmäuschenstill gehen Weihnachtswichtel
im Advent auf die Reise.
Wer sie hören will, der sei ganz still, ganz still.
Leise, leise, mucksmäuschenstill flüstern Weihnachtswichtel
im Advent auf ihrer Reise.
Wer lauschen will, der sei still, ganz still.
Leise, leise, mucksmäuschenstill, trippeln Weihnachtswichtel
im Advent auf ihrer Reise

zu Vater, Mutter, Kind.
Wer ihre Spuren entdecken will, der sei still, ganz still.
Leise, leise, mucksmäuschenstill tragen Weihnachtswichtel
im Advent etwas mit auf der Reise:
bunte Pakete (Edelsteinsäckchen) sind's.
Wer sie haben will, der sei ganz still, ganz still.
Renate Ferrari

Finde den Reim

Kommt die kalte Winterszeit, ist Weihnachten nicht mehr … (weit).
Fällt viel Schnee im Winter, freuen sich die … (Kinder).
Vom Himmel schweben Flocken leise, auf ihrer weiten, langen … (Reise).
Sie decken zu die Erde sacht, alles erstrahlt in weißer … (Pracht).
Kinder tollen herum im Schnee, fallen sie hin, so tut's nicht … (weh).
Wenn das erste Lichtlein brennt, feiern wir den ersten … (Advent).
Klopft es an der Tür im Haus, so ist's gewiss der … (Nikolaus).
Den Sack hat er voll guter Sachen, die allen Kindern Freude … (machen).
Brennt dann das Kerzlein Nummer vier, so steht das Christkind vor der … (Tür).
Läutet das Glöcklein leis und sacht, die Weihnachtstür wird … (aufgemacht).
Da steht wie im allerschönsten Traum ein buntgeschmückter … (Weihnachtsbaum).

Die schönste Waldweihnacht der Tiere

Die Tiere tief draußen im Wald haben es sich gerade so richtig gemütlich gemacht. Zurückgezogen in ihrem Bau halten die meisten Winterschlaf. Tief in wohligen Schlaf fallen die Igel- und Mäusefamilien, die Murmeltiere und Hamster. Auch den Schlangen wird es zu kalt in ihrer dünnen Haut. Sie verkriechen sich in Erdlöcher und lassen sich nicht mehr blicken. Viele von ihnen würden die ganze kalte Jahreszeit hindurch schlummern, wäre da nicht Weihnachten, das schönste und wichtigste Fest auch im Wald! Keiner will es verschla-

fen und so wurde schon vor langer Zeit ein Weihnachtsweckdienst für die in den Winterschlaf gefallenen Tiere organisiert. Mal sehen, ob es in diesem Jahr auch wieder klappt mit dem Wecken!
Schauen wir in unseren Weihnachtswald hinein: Ab und zu, bei gutem Wetter, holen sich die Eichhörnchen im Winter Futter und sehen nach dem Rechten. Die Hasen und Rehe streifen auch in dieser Jahreszeit gerne durch die verschneiten Wälder. Bambi, das kleine Reh, liebt es, wenn die Tannenbäume wie verzuckert aussehen. – Und wie jedes Jahr genießt der Specht zusammen mit seiner Familie die Ruhe in seinem Nest, hoch in den Baumwipfeln. Über den Winter in den Süden zu fliegen, käme ihm nicht in den Sinn. Ganz aufgeregt ist jedes Jahr die Elster, wenn die weiße Landschaft glitzert, als wäre sie von Diamanten übersät. Dieses Schauspiel würde sie sich nie entgehen lassen und deshalb bleibt auch sie hier.

Still ist es geworden im Wald – doch kurz vor Weihnachten, genauer gesagt am ersten Adventsonntag, wird es wieder lebendig, denn die Hirsche übernehmen den Weihnachtsweckdienst. Etwas unsanft röhren sie durch die Gegend, so dass jedes noch so tief schlummernde Tier in seiner Behausung aufschreckt. Besonders mürrisch benimmt sich die Eule, die Lärm am Tage gar nicht leiden mag. Von den bevorstehenden Aktivitäten bei hellem Licht will sie sowieso nichts wissen. Das Reh, Frau Eugenie genannt, ist schon Tage vor diesem Termin ganz aufgeregt und kann die Nacht vorher nicht mehr schlafen. Letztes Jahr hatte nämlich sie den Weckdienst übernommen. Die versammelte Tiergemeinschaft reibt sich den Schlaf aus den Augen, jeder gähnt und reckt sich auf seine Weise. Die grüne Schlange kann natürlich ihr Züngeln und Zischen nicht lassen, worüber sich Mutter Maus gleich furchtbar aufregt, bevor sie sich besinnt, worum es ja eigentlich geht. – Ja, am ersten Adventsonntag machen sich alljährlich die Tiere des Waldes auf den Weg, um für das Weihnachtsfest eine Tanne auszusuchen, die dann gemeinsam wunderbar geschmückt wird. Jeder hat natürlich seine genaue Vorstellung, wie dieser Baum auszusehen hat. »Groß muss er sein, mindestens so groß wie letztes Jahr, wenn nicht größer«, murmelt das Murmeltier. »Schön gleichmäßig muss er gewachsen sein«, krächzt der Rabe. »Ja, ja, seine Zweige sollte er ausbreiten wie Arme«, zischt Schilla, die Schlange, die nebenbei bemerkt, selber gar keine Arme hat. Frau Hase Hoppel und ihr Mann meinen, dass auch der Duft ganz wichtig sei. »Hm, wie eine schöne Tanne, muss er eben duften«, sagen sie und schnubbern dabei mit ihren Hasennäschen in die Luft. Zum Schmücken werden sie wieder alle zusammen helfen, jeder Bewohner des Waldes soll seinen Beitrag leisten.

Die alljährliche Tannenbaumsuche verläuft dieses Jahr sehr erfreulich. Zum ersten Mal wird erstaunlicherweise nicht lange diskutiert, in welcher Himmelsrichtung nach dem Christbaum gesucht werden soll. So wandern alle, nachdem der letzte Käfer aus seiner Baumrinde gekrabbelt ist, in Richtung Norden, wo bekanntlich die prächtigsten Tannen wachsen. Allen voraus die Hirsche, die den Weg durch den tief verschneiten Wald freistapfen. Die Rehe mit ihren dünnen Beinen haben es so viel leichter, hinterher zu kommen. Wie jedes Jahr schließen sich nun all die kleineren Tiere an und folgen den Spuren. Rechts und links des Zuges übernehmen die Vögel die Begleitung in der Luft.

Frau Maus ist wie immer zu spät dran. Diesmal wollte sie sich nämlich unbedingt ein Stückchen alten Käse als Proviant einpacken. Ihre Pfoten sind eiskalt und so kann sie ihren Rucksack nicht schnell genug umschnallen. Also rast sie dem Zug hinterher, will die Krabbelkäfer ganz am Ende überholen und kommt prompt auf einer glatten, zu Eis gefrorenen Pfütze ins Schleudern. Ein bemooster Baumstumpf stoppt zum Glück die rasante Tour, doch das erste Malheur ist schon passiert. Mit verstauchtem Bein humpelt Frau Maus nun hinterher, bis das Murmeltier sie mitleidig auf seinen Rücken nimmt. Mit ihren kleinen Pfoten hält sich die Maus im dicken Fell ganz fest und vergisst allmählich sogar die Schmerzen im Bein. Schließlich reitet sie fast übermütig auf dem Murmeltier durch die verschneite Landschaft.

Vom stillen Wald kann nun gar nicht mehr die Rede sein. Ein Stimmengewirr den ganzen Weg entlang! Piepsen und Säuseln, Brummen und Glucksen, Zischen und Trällern erfüllen die Luft. Immer ausgelassener bewegt sich die ganze Truppe durch die Landschaft, bis in einem jähen Ruck alles zum Stehen kommt. Ohne Vorwarnung haben nämlich plötzlich die ersten angehalten, weil sie glauben, den schönsten Baum gefunden zu haben. Mehrere Tiere dahinter können nicht mehr rechtzeitig reagieren und so plumpsen viele aufeinander. Die Tiere mit weichem Fell lachen sich fast kaputt, weil es ihnen nichts ausmacht angerempelt zu werden, die anderen aber finden es gar nicht lustig. Die Vögel in der Luft kreisen eine Runde und verlieren als einzige den Überblick nicht.
Alle versuchen, sich schnell wieder aus dem Knäuel zu lösen und die übermütige Stimmung ist mit einem Male weg. Die ersten Zweifel kommen auf, ob der von den Hirschen empfohlene Baum wirklich der beste ist. Mehrere Tiere schauen sich die schöne Tanne nicht einmal an. Noch bevor es zu einem richtigen Streit kommt, schreien die Tierkinder missmutig durcheinander: »Wir haben Hunger, Hunger! Uns knurrt der Magen!« »Mama, wo ist meine Milch?«, piepst ganz aufgeregt das Mäusekind. Alle haben sie Hunger bekommen an der frischen Schneeluft. Also packen die Erwachsenen lieber das mitgebrachte Picknick aus und bieten sich gegenseitig höflichst ihre Spezialitäten an. Nur schmeckt dem Reh der frische Möhrensaft nicht, den ihm der Hase Hoppel hinhält und die Hirsche können sich mit dem Käse der Maus auch nicht anfreunden. Die Wildschweine bringen nie etwas mit, sie suchen unter der Schneedecke, in der angefrorenen Erde, nach Essbarem. Jedes Tier isst sein eigenes Futter und blickt zufrieden in die Gegend.

So merken die Tiere allmählich wieder, wie wunderbar verschneit ihr Wald eigentlich ist und wie die Sonne die weiße Pracht zum Glänzen bringt. Alle finden ihr Land im Winter hinreißend. Die nächste Stunde der Baumsuche aber wird schrecklich! Alle streiten sich, jeder will den schönsten Baum aussuchen, alle schreien durcheinander, kein Tier lässt das andere ausreden: »Den nehmen wir, das ist der prächtigste!«, röhrt der Hirsch ganz laut. »Nein, nein keinesfalls, ihr müsst doch nicht jedes Jahr den Baum bestimmen!«, mischt sich die noch etwas verschlafene Nachteule ein. Das Kreischen des Raben geht al-

len ruhigeren Tieren durch Mark und Bein, ebenfalls das Zischen der Schlange Schilla. Frau Maus möchte beruhigend wirken, schnuppert am Baum und piepst: «Der Duft dieser Tanne ist geradezu außerordentlich weihnachtlich.« Der Vermittlungsversuch wird aber nicht einmal wahrgenommen.
Da keine Lösung in Sicht ist, wenden sich die ersten Tiere schon ab und wollen enttäuscht nach Hause gehen. Und als es zu dämmern anfängt, ziehen die letzten Streitenden beleidigt ab. So, das war's dann! –
In der kommenden Nacht können viele Tiere nicht richtig schlafen, weil sie sich alle im Streit getrennt haben und kein Christbaum ausgewählt ist. Nicht einmal Reinecke Fuchs findet ruhigen Schlaf in seinem Bau. Andere Tiere sind voller Ärger, weil sie nicht Recht bekommen haben und wollen für sich alleine Weihnachten feiern. »Geschieht den anderen nur recht, wenn ich nicht komme!«, denken sie. Nur der Specht sagt zu sich selber: »Alleine feiern, das geht doch nicht!«, und so trommelt er am nächsten Morgen alle Tiere des Waldes aus ihrer Behausung. Er schlägt vor, sich zusammen zu setzen um noch einmal über das Ganze reden zu können. Die Gesprächsführung übernimmt er. Wenn es zu laut wird oder ein Tier nicht zu Wort kommt, klopft er energisch mit seinem Schnabel an den Baumstamm und sorgt so für Frieden und Ordnung.
Schließlich einigt man sich und nach dem Mittagessen ziehen sie erneut los, fest entschlossen, sich zu vertragen und einen wunderschönen Christbaum gemeinsam auszusuchen. In ungewohnt stiller Weise ziehen sie jetzt durch den Wald und die Fußspuren der Tiere hinterlassen ein interessantes Muster auf der frisch geschneiten Schneedecke. Nur das Rauschen der Bäume im Wind ist zu hören. – Der Streit vom Vortag ist allen in unangenehmer Erinnerung. »Leicht ist es nicht, gemeinsam einen Baum auszuwählen, wo doch jeder etwas anderes als schön empfindet.« zischt Schilla, die Schlange, in die Stille. »Nun will jeder es jedem recht machen« erwidert das Reh Eugenie äußerst höflich. »Wenn jedes Tier nachgibt, kann auch keine Wahl getroffen werden«, spricht der Specht und trommelt an einen Baumstamm. Die Zeit drängt, im Winter fängt es bereits am Nachmittag an, dunkel zu werden. Besorgt beäugt Frau Maus den Himmel und will zur Eile drängen. Schon taucht der Mond am Horizont

auf und wirft sein Licht auf eine wunderschöne edle Tanne. Venus, der Abendstern, begleitet ihn und blinkt hell zum Baum herüber. Ihr beider Lichterglanz verhilft den Tieren zur Entscheidung. Sie empfinden es so, als ob Mond und Abendstern ihnen sagen wollten: »Wählt doch diese groß gewachsene edle Tanne, die hier ganz alleine auf der Lichtung steht und schon lange auf Euch wartet!« Alle sind sich nun einig und von dieser wunderschönen Stimmung zutiefst ergriffen. »Die Entscheidung ist mit Hilfe von ganz oben gefallen!« krächzt die Nachteule und alle stimmen dem zu. Bevor alle den Heimweg antreten, singen sie voller Seligkeit ein Dankeslied.
Am nächsten Tag gibt es viel zu tun. Gemeinsam und ganz ohne sich zu streiten, schmücken die Tiere den Baum. Jeder gibt seinen schönsten Weihnachtsschmuck dazu. Zu guter Letzt kommt noch der Rabe Abraxas, den eigentlich keiner so richtig mag, mit wehendem Engelshaar im Schnabel, angeflogen. »Wo hast du das denn her?«, rufen sie alle ganz neugierig. Aber Abraxas breitet das Engelshaar über die Äste und schweigt sich genüsslich aus.

Gerade noch rechtzeitig haben sie alle ihre Arbeit geschafft, bald schon ist jetzt Weihnachten. Das Üben des großen Tierkonzerts und der Weihnachtslieder steht noch an. Die Zeit bis zum Fest wird schnell vorbei sein.
Bei all dem geschäftigen Treiben hätten sie beinahe alle miteinander vergessen, ihre Wünsche an das Christkind zu senden. So kommen sie auf die Idee, diese auf kleine Anhänger zu malen oder zu schreiben, um sie dann an den Christbaum zu binden. Die Wünsche fallen sehr, sehr unterschiedlich aus und dennoch: Einen Wunsch haben sie alle gemeinsam. Versteckt steht er auf der Rückseite eines jeden Zettels.
Der große Tag ist gekommen! Jede Tierfamilie erscheint zum Fest, fein herausgeputzt, mit leuchtenden Laternen und Musikinstrumenten, mit duftenden Plätzchen und Lebkuchen, mit knackigen Nüssen und rot polierten Äpfeln. Versammelt im Kreis stehen alle um die Tanne und am Horizont, wo Erde und Himmel sich berühren, leuchtet der Mond herüber und der Abendstern blinkt hell und stark, dass beinahe der Schnee zu schmelzen beginnt. Mister Maus, der sich bis jetzt in allem sehr zurückhaltend gab, küsst Mutter Maus ganz innig-lich. Überglücklich feiern sie alle in trauter Runde die schönste Waldweihnacht, die es je gab!

Ideen zur Vertiefung der Geschichte

- Zum Thema Hilfsbereitschaft ein Gespräch führen, wie können wir alle in den verschiedensten Situationen zusammen helfen. Das kann beim Aufräumen der Spielsachen, beim Basteln oder beispielsweise beim Anziehen sein. Die Kinder sollen verstehen, dass jeder jedem helfen soll und kann, auch wenn man manchmal anderer Meinung ist, anders lebt oder anders aussieht. Im Alltag können diese Gedanken gleich praktiziert werden.
- Im Kapitel Festgestaltung zeigen wir Ihnen Ideen für eine zauberhafte Waldweihnacht mit den Kindern, die auf obige Geschichte aufbauen könnte.
- Die Geschichte wird zum Rollenspiel und verklanglicht. Die Kinder übernehmen liebend gerne die Tierrollen. Auch der Tannenbaum kann von einem Kind, mit einem Überhang aus einem grünen Tuch übernommen werden. Mit Orffinstrumenten, wie auch mit selbstgebauten Instrumenten, können die Kinder das Rollenspiel mit Klängen begleiten. Die Erzählung durch die Erzieherin wird durch die Begleitung der Kinder zu einer Klanggeschichte. Zum Bilderbuch wird die Geschichte, wenn die Kinder einzelne Szenen malen.

Die goldenen Weihnachtskugeln

Noch bevor sich die Menschen auf die Weihnachtszeit besinnen, herrscht in der Engelwerkstatt im Himmelreich reges Treiben. Ab dem ersten Advent machen alle Engel sogar Überstunden, um die vielen Wünsche der Kinder auf Erden erfüllen zu können. Ihren Fünf-Uhr-Tee aber lassen sie nie ausfallen, den haben sie sich redlich verdient. Sobald das Glöckchen erklingt, trifft sich die ganze Schar zum Adventstee. Dazu werden Weihnachtsplätzchen genascht. Natürlich nur solche, die in der Backstube zu Bruch gegangenen sind, denn die schönen werden ja verschenkt. Weihnachtsengel lieben es besonders romantisch und so zünden sie zu jeder Teestunde viele, viele Kerzen an. Manchmal, wenn der Nikolaus Zeit hat, kommt auch er auf ein Tässchen Tee mit Rum vorbei. Dabei bringt er den lieben Engeln die zerdrückten Schokoladen-Nikoläuse mit, die er nicht mehr an die Kinder verschenken kann. »Auch wenn sie nicht mehr heil sind, die-

se Nikoläuse schmecken himmlisch«, schwärmen die Engel wie im Chor.
Zur Teestunde erzählen sie sich auch, was alles den ganzen Tag über geschehen ist. Hat jeder Engel seine Sorgen und Freuden mitgeteilt, darf einer von ihnen die schönsten Briefe, die ihnen die Kinder an diesem Tag schickten, auswählen und vorlesen. Dieses Mal ist der kleine Engel mit dem goldenen Lockenhaar dran. Er hat eine Vorliebe für lustige Briefe, die er dann entsprechend nett vorträgt. Eines Nachmittags übertreibt er seine Vorlesekünste derart, dass alle in helles Lachen ausbrechen und sich nicht mehr halten können. Die ganze Engelschar kullert sich vor Lachen – alles ist so lustig, und vor Lachen fließen ihnen die Tränen aus ihren himmelblauen Augen. Weit und breit ist kein Taschentuch zur Stelle, so etwas braucht man im Himmelreich auch all zu selten. Und so machen sich die Tränen auf den weiten, kalten Weg bis hinunter zur Erde. Während die Engel lachen, kichern und scherzen, kommt einer von ihnen auf die Idee, die Tränen in goldene Kugeln zu verwandeln. »Sind es doch glückliche Tränen«, meint er und ein anderer sagt zustimmend: »Ja, wir können doch unsere Tränen nicht zu Eis werden lassen und an Weihnachten als Hagel zur Erde schicken«. So beeilen sich alle Engel und senden schnell noch liebe Küsschen hinter her – und siehe da, die vielen Tränen verwandeln sich in kleine goldene Kugeln. Auf Erden angekommen, fallen sie in den weichen Schnee, andere bleiben gleich in Bäumen hängen und eine saust glatt durch ein

offenes Fenster in ein Schälchen mit rosa Zuckerguss. Viele goldene Kugeln landen im Wald auf samtigen Moospölsterchen. Ein See glänzt seitdem ganz golden – und ihr könnt euch denken, warum!

Ausklang
Die Erzieherin hält hier eine kurze Pause, holt eine kleine goldene Kugel hervor und lässt die Kinder raten, wo sie diese wohl gefunden hat. Anschließend bekommt sie natürlich einen besonderen Platz an einem Zweig oder eben auf einem Moospölsterchen. – Oder die Kinder schließen für kurze Zeit die Augen, falten die Hände zu einer Schale und die Erzieherin legt jedem eine kleine goldene Kugel hinein. Erst, wenn ein Glöcklein erklingt, dürfen sie die Augen wieder öffnen und überlegen, was sie mit diesem Geschenk machen wollen.

Aktionen und Meditationen

Adventsspirale (Meditation)

Das braucht man dazu
Legematerial wie Tannenzweige, Zapfen, Nüsse, Kreide oder Schnur, Teller, Kerze

So wird's gemacht
Vorbereitung: Wählen Sie einen störungsfreien Raum, der sich abdunkeln und dessen Mitte viel Platz lässt. Markieren Sie eine Spirale mit Kreide oder einer Schnur auf dem Boden. Am besten beginnen Sie im Mittelpunkt, ein Teller markiert ihn. Später dient dieser als Untersatz für die Kerze. Die Spirale sollte drei bis vier Windungen aufweisen und die Wege müssen so breit sein, dass man bequem darin gehen kann. Das Legematerial liegt in Körben sortiert bereit.

Verlauf erster Teil
Gemeinsam gestalten die Kinder eine Spirale aus Tannenzweigen, Zapfen, Nüssen.

Die Kinder bilden einen Sitzkreis um die Spirale. Im Hintergrund spielt Entspannungsmusik. Eröffnen Sie die Übung, indem Sie sich etwa drei Teile vom Legematerial nehmen und ruhig und langsam zur Mitte der Spirale gehen. Dort legen Sie auf der Linie den Zweig oder Zapfen ab. Gehen Sie bedächtig auf Ihren Platz zurück. Nun folgt ein Kind Ihrem Beispiel und gestaltet mit ausgewähltem Material die Spirale weiter. Die Kinder entscheiden selbst, wann sie den Weg gehen möchten. Am Ende betrachten die Kinder gemeinsam ihr Werk. Kündigen Sie an, dass Sie am folgenden Tag oder auch später mit dieser Spirale etwas vorhaben.

Verlauf zweiter Teil

Zum konzentrierten Gehen in der Spirale kommt nun das intensive Erleben von Licht hinzu. Das Gehen mit der flackernden Kerze erfordert vom Kind viel Konzentration. Diese Ruhe überträgt sich auch auf die anderen Kinder im Raum, die dem Geschehen folgen. Das Licht der Kerze, die durch die Spirale getragen wird, sorgt für unterschiedliche Licht- und Schatteneffekte.

Das braucht man dazu

Apfellichter (→ S. 75) und Papiersterne entsprechend der Anzahl der Teilnehmer, Kerze, Streichhölzer, Meditationsmusik, Eimer Wasser (Brandschutz)

Vorbereitung

Verteilen Sie die Sterne auf der Spirale in gleichmäßigen Abständen. Auf dem Teller in der Mitte entzünden Sie eine Kerze. Auf einem Tablett stehen die von den Kindern hergestellten Apfellichter bereit. Nun verdunkeln Sie noch den Raum und sorgen für die entsprechende Musik im Hintergrund.

Die Kinder bilden wieder einen Sitzkreis um die Spirale. Sie eröffnen die Übung damit, dass Sie ein Apfellicht in beide Hände nehmen, die Spirale bis zum Mittelpunkt gehen und dort ihr Licht entzünden. Dann gehen Sie wieder zurück und stellen das Apfellicht da hin, wo der erste Stern liegt. Die weiteren Sterne markieren den Platz, wo die

Lichter der Kinder hinkommen. Ein Kind nach dem anderen folgt Ihrem Beispiel. Kleinen, ängstlichen oder unruhigen Kindern können Sie ihre Begleitung anbieten oder ein anderes Kind darum bitten. Im Rahmen einer Adventsfeier mit Eltern kann auch die Mutter oder der Vater das Kind auf seinem Weg begleiten.
Einprägsam ist auch der folgende Vers, den Sie den Kindern mit auf den Weg geben können:
»Geh den Weg zur Mitte, geh leise, mach langsame Schritte.«
Und kurz bevor das Kind die Mitte erreicht hat:
»Zünd nun deine Kerze an, schau wie hell sie brennt!
Bald erstrahlen viele Lichter mitten im Advent!
Behüt dein Licht, dann verlöscht es nicht!«
Wenn alle Lichter brennen, singen Kinder und Erwachsene zum Abschluss ein Advents- oder Weihnachtslied. Damit die Kinder das Bild von der leuchtenden Spirale verinnerlichen können, werden die Apfellichter ohne ihr Beisein weggeräumt. Diese dekorieren weiterhin den Gruppenraum oder aber, sie sind ein hübsches Geschenk für die Eltern.

Adventswichtel

Wichteln ist bei Kindern im Schulalter ein beliebter Brauch. Geheimnisvolle Dinge geschehen in der Kindertagesstätte. Hanne findet in ihrem Schuh einen goldenen Stern, Thomas entdeckt in seiner Pausentasche eine Mandarine und Maria wundert sich darüber, dass Branko sie heute zum Spielen in die Bauecke einlädt. Das war sicher der Adventswichtel, meint die Erzieherin. Er kommt immer dann, wenn ihn keiner sieht, ganz heimlich!

Das braucht man dazu
Für jedes Kind einen Zettel, Stift

So wird's gemacht
Der Name jedes Kindes wird auf ein Stück Papier geschrieben. Die Zettel werden zusammen gefaltet, in eine Schüssel gegeben und gut gemischt. Reihum nimmt nun jeder einen Zettel und liest den Namen vor, der darauf steht. Bei Kindern, die noch nicht lesen können, flüs-

tert die Erzieherin dem Kind den Namen ins Ohr. Der Wichtel kommt nicht jeden Tag, sondern ein- bis zweimal in der Woche während der Adventszeit.
Mit den Kindern wird besprochen, womit man anderen eine Freude machen kann. Es sollen nur Kleinigkeiten sein, zum Beispiel etwas Selbstgebasteltes oder Selbstgemaltes, eine Kerze, ein Stern, ein Bonbon, etwas Engelshaar, goldene Flügel. Sicher fällt den Kindern Einiges ein, das sie aber nicht verraten möchten. Damit jeder weiß, für wen das Geschenk gedacht ist, steht der Name darauf oder aber, es wird in persönlichen Sachen des Kindes versteckt. Es macht Spaß, sich immer wieder etwas Neues auszudenken, es vorzubereiten, zu verstecken und den anderen damit zu überraschen. Der Wichtel kann aber auch Taten schenken, z.B. Spielzeug aufräumen, Brotzeit teilen, zum Spielen einladen. Sicher sind die Wichtel ganz erfinderisch und so geschickt, dass sie sich nicht verraten. Beim Weihnachtsfest wird das Geheimnis gelüftet und vielleicht verschenkt jedes Kind einen selbstgebastelten Wichtel (→ S. 71f.).

Im Zwergenland

Schon in den letzten Novemberwochen suchen die Kinder bei einem herbstlichen Ausflug im Wald Moos, Tannenzweige, Wurzeln, Wildfrüchte, Baumpilze, Kieselsteine, Rindenstücke oder Äste. In der Kita bauen sie daraus eine Landschaft, in der kleine Zwerge (→ S. 71f.) ihr Zuhause finden. Gemeinsam überlegen die Kinder, welchen Bauplatz sie wählen. Die Fläche sollte groß genug sein zum Aufbau und späteren Bespielen der Landschaft. Mit viel Fantasie gestalten die Kinder ihr Zwergenland. Mit kleinen Kieselsteinen werden Wege gelegt, größere Steine eignen sich für den Bau von Hügeln und Höhlengängen. Leere Schachteln, mit farbigen Tüchern verkleidet, oder Wurzeln dienen als Behausungen für die Zwerge. Möbel und Zubehör aus dem Puppenhaus machen diese so richtig gemütlich. Farbige Tücher lassen sich als Seen oder Bäche in die Landschaft einbeziehen. Jetzt fehlen nur noch die Zwerge. Eifrig helfen die Kinder der Erzieherin Zwerge zu basteln. Wenn ebenso viele Zwerge gebastelt, wie Kinder vorhanden sind, überlegen sich diese, wo es den Zwergen im Zwergenland wohl am besten gefällt. Vielleicht bekommen sie auch lustige Namen. Ganz von selbst entwickelt sich ein intensives Spiel, das über Tage und Wochen andauern kann.

Zwergenrunde

Das Zwergenland mit seinen Bewohnern ist Mittelpunkt unserer täglichen Zwergenrunde im Advent. Zum beliebten Ritual gehört es, dass ein Zwerg als Handpuppe die Kinder begrüßt. Jeden Tag wird eine Kerze mehr angezündet, bis zum Weihnachtsfest alle leuchten. Jeweils ein Kind darf sich ein Zwerglein mit samt dem gefüllten Säckchen aussuchen und mit nach Hause nehmen.

Das braucht man dazu
Zwerg als Handpuppe (→ S. 72), kleine Zwerge (→ S. 71f.) und Jutesäckchen, Kerzen verziert, entsprechend der Anzahl der Kinder, Edelsteine (Glassteine, Murmeln, vergoldete Kieselsteine), Streichhölzer

Vorbereitung
Vor der ersten Zwergenrunde näht die Erzieherin heimlich Säckchen, füllt sie mit »Edelsteinen« und stellt die von den Kindern verzierten Stumpenkerzen in die Landschaft.

Verlauf
Zu Beginn der Adventszeit trifft sich die Gruppe zu ihrer ersten Zwergenrunde: Zur Überraschung der Kinder begrüßt ein Zwerg (Handpuppe) diesmal die Kinder.
»Hallo liebe Kinder, Frau … (Name der Erzieherin) hat mich eingeladen, mit euch den Advent zu feiern. Ich hab auch meine Freunde mitgebracht. Doch zu allererst möchten wir euren Namen wissen. Ich heiße Bibibutz und wie heißt du? (Die Handpuppe begrüßt jedes Kind einzeln). Ich habe mich ein wenig bei euch im Zimmer umgese-

hen und muss schon sagen, der Zwergenwald gefällt mir ganz besonders. Da fühlen sich meine Freunde und ich bestimmt sehr wohl. Ich finde es toll, dass ihr Kinder uns nun jeden Tag besucht. Tagsüber ruhen wir uns aus, aber nachts, wenn ihr zu Hause in euren Betten schlaft, arbeiten wir hart und holen Edelsteine aus den Bergen. Ein paar davon wollen wir jedem von euch Kindern in der Adventszeit schenken. Bewahrt sie gut auf, sie sollen euch Glück bringen. Sicher habt ihr schon entdeckt, dass wir all eure Kerzen zu uns in das Zwergenland geholt haben. Ab heute wird an jedem Tag im Advent eine Kerze von euch leuchten. Das Kind, welches diese Kerze verziert hat, darf sich einen von den Zwergen aussuchen und ihn mit samt seinem Zwergensäckchen mit nach Hause nehmen. Die Kerzen möchten wir aber alle behalten, denn erst wenn alle Kerzen brennen, wird es Weihnachten.«
Während der täglichen Runde begrüßt nun Bibibutz die Kinder. Bevor er zu ihnen kommt, kann ein Vers (Wichtelvers → S. 42f.) die Kinder zur Ruhe führen. Zur Zwergenrunde gehören natürlich auch ausgewählte Geschichten, Gespräche, Lieder und Gedichte, welche aufs Weihnachtsfest vorbereiten.

Adventskalender

Adventskalender erleichtern den Kindern das Warten auf das Christkind und zugleich erhöhen sie die Spannung und Vorfreude. Mit ihnen wird die Zeit vor dem Weihnachtsfest überschaubar. Täglich werden die Kinder mit diesem Ritual an das besondere dieser Zeit im Jahr aufmerksam gemacht und zum tieferen Sinn von Weihnachten geführt. Wir stellen Ihnen gleich mehrere Alternativen vor. Einmal werden sich die Kinder auf kleine Geschenke freuen können, die aber nicht nur aus Süßigkeiten bestehen sollen. Geschenke, wie eine kleine Weihnachtskugel, ein Stern, Engelshaar oder ein Engelsflügel beispielsweise, tragen zum Symbolverständnis des Kindes bei und wirken vielleicht sogar geheimnisvoll und romantischer als ein Schokoladenteilchen.
Die Form des Adventskalenders, bei der die Kinder selbst einen Beitrag zur Verschönerung des Raumes leisten, ist heute kaum mehr weg zu denken. In symbolischer Weise lassen sie jeden Tag den

Raum schöner und heller werden. Eine weitere Variante ist, den Kindern die Weihnachtsgeschichte täglich in Etappen lebendig nahe zu bringen. Ein Adventskalender, der Kinder aktiv in die Gestaltung mit einbezieht, wird zu einem echten Erlebnis. Um das Öffnen oder das Erweitern eines Adventskalenders ranken sich Lieder und ausgewählte Geschichten, mit denen die Kinder ihren Erfahrungsbereich vertiefen und so einen Zugang zum wahren Weihnachtsgeschehen finden.

I Sternenweg am Fenster
Das braucht man dazu
Zwei mit Goldfolie bezogene Schachteln, gelbes Transparentpapier oder Goldfolie, Schere, Sternenschablone

So wird's gemacht
In der Freispielzeit steht eine Schachtel mit dem Material bereit. Die Kinder schneiden Sterne aus, wann sie wollen und so viele sie wollen. Sie werden in der zweiten Schachtel gesammelt. Beim täglichen Advents-Ritual werden die Sterne an das Fenster geklebt. Bis Weihnachten wird sicher eine ganze Milchstraße daraus. Vor der Weihnachtsfeier wird an das Ende des Sternenweges ein sehr großer Stern geklebt, alle Sterne zusammen stellen nun den Betlehemstern dar, wobei die vielen kleinen den Schweif bilden.

Variation
Die ausgeschnittenen Sterne werden an einen Ast gehängt oder an die Sternenbahn aus Maschendraht, die quer durch den Raum gespannt ist.

II Ein Vorhang zum Füllen
Für dieses schöne Stück muss man etwas mehr Geld investieren, als in einen Kalender aus Papier. Aber sicher schmückt der Vorhang mehrere Jahre als bezaubernder Raumteiler oder adventlicher Wandbehang den Gruppenraum oder vielleicht wollten Sie ohnehin schon lange eine »neue Gardine« für das Fenster.
Zur Herstellung des Vorhangs muss man im Nähen etwas geübt sein. Auch hierzu gibt es sicher eine Lösung. Die Arbeitsschritte können

mit einer Kollegin oder hilfsbereiten Mutter geteilt werden. Die eine übernimmt das Zuschneiden, Ausschmücken und Aufbügeln der Zahlen und die andere die Näharbeiten.

Das braucht man dazu

Zum Herstellen des Vorhangs: einen transparenten Vorhang (2,75 × 1,10 m; z.B. von Ikea oder in Heimtextil-Geschäften), weißen transparenten Stoff (1,1 × 1,4 m), Stoffreste aus buntem Satin und Samt, Chiffonband in Pastellfarben (10,8 m × 5 cm) und passendes Nähgarn, Schere, Stecknadeln, Lineal, Phantomstift, große bunte Pailletten, Bleistift, Vliesofix

So wird's gemacht

Den Vorhang bügeln, das Chiffonband in 6 Streifen aufteilen und in gleichen Abständen vom Rand aus auf den Vorhang nähen, so dass es Längsstreifen gibt. Die Enden dabei jeweils nach links umschlagen.

Den Stoff bügeln und darauf 24 Taschen in der Größe von 22 – 27 cm mit dem Phantomstift aufzeichnen und zuschneiden. Die Taschen versäubern, den oberen Rand für den Eingriff einen Zentimeter nach links umbügeln und füßchenbreit umsteppen. Für die jeweilige Tasche nun die Zahlen von 1 bis 24 anfertigen. Auf den Samt und Satin die Zahlen aufzeichnen und ausschneiden. Danach auf Vliesofix aufbügeln und überschüssiges Vliesofix abschneiden. (sieht auch mit Zick-Zack-Schere gut aus). Die Zahlen können noch mit Pailletten beklebt oder bestickt werden. Das Papier vom Vliesofix abziehen, Zahlen auf die Taschen legen und durch Bügeln fixieren. Auf den Samt ein Tuch auflegen oder von der linken Seite bügeln. Die Taschen in gleichen Abständen auf die

Streifen des Chiffonbandes mit Stecknadeln anheften und danach annähen.

Zum Füllen brauchen Sie …
… entweder die üblichen weihnachtlichen Süßigkeiten, geheimnisvoll verpackt, oder weihnachtliche Symbole wie: Engelshaar, Engelsflügel, Stern, goldene Kugel, silberne Nuss, goldener Zweig und Ähnliches.

Um diese Symbole lassen sich kleine Geschichten erzählen oder Sie erklären beim Herausnehmen, was es zum Beispiel mit dem Stern auf sich hat. Adventsgedichte und -lieder auf besonderes Papier geschrieben und mit weihnachtlichen Motiven verziert, können ebenfalls zu persönlichen Geschenken werden. Damit der Vorhang an Weihnachten auch noch ansehnlich und nicht geplündert aussieht, legen die Kinder in jedes Täschchen, aus dem etwas entnommen wird, auch wieder etwas hinein. Dafür schneiden sie Sterne aus bunter Metallfolie aus, die dann zart aus den Taschen des Vorhanges schimmern.

III Häuser unserer Straßen werden zum Adventskalender
Für jeden Tag im Advent brauchen Sie jemanden, der in seinem Haus ein Fenster schmückt, mit einer Zahl versieht und die Gastgeberrolle übernimmt. Vielleicht können Sie die Eltern Ihrer Kindergruppe, die Nachbarn der Kita, den Pfarrer, den Bürgermeister oder ein Geschäft um die Ecke für diese Idee gewinnen. Das Haus darf natürlich auch nicht zu weit weg von der Kita sein.
Bei Einbruch der Dunkelheit oder am frühen Morgen, wenn es noch dunkel ist, ziehen die Kinder warm eingepackt und mit Laternen jeden Tag zu einem anderen Haus. Das Ziel ist schon von Weitem zu erkennen, denn die jeweiligen Fenster wurden bereits zum ersten Advent mit vielen Lichtern, Sternen und Girlanden liebevoll dekoriert. Die Beleuchtung wird aber erst ab dem betreffenden Tag eingeschaltet sein. Wie bei einem Adventskalender wird jeden Tag ein Fenster geöffnet. In diesem Falle von dem Kind, das dort wohnt, vom Bürgermeister oder vom Pfarrer. Jedes Mal überreicht ein anderes Kind dem Gastgeber ein kleines adventliches Geschenk. Das kann ein ge-

bastelter Stern sein, selbstgebackene Plätzchen, ein bemaltes Windlicht, eine Kerze und Ähnliches. Die Kindergruppe singt ein Adventslied oder spricht einen Vers und überbringt Weihnachtswünsche. Danach werden die mitgebrachten Laternen zur Seite gestellt, denn es gibt sicher noch für alle etwas zum Naschen. – Jeden Tag vollzieht sich dieses Ereignis, bis zum 23. Dezember. Am 24. Dezember, dem lang ersehnten Tag jedoch, wird in der Familie gefeiert. Vielleicht sehen sich dann aber auch viele Kinder in der Kirche zur Kindermette.

Weihnachtsplätzchen-Tausch

Ein alter Brauch ist es, an Weihnachten Plätzchen zu backen und diese auch zu verschenken. Die Hausfrauen machen sich dabei gegenseitig eine Freude und tauschen dabei auch die Rezepte aus. Da besonders die Kinder das Plätzchenbacken lieben, könnte man diesen Brauch auch in der Kita übernehmen. Jede Gruppe verpackt einen Teil seiner Backwaren und besucht damit die anderen Gruppen. Eine liebevolle Geste, die alle miteinander verbindet und die Plätzchen dabei ja nicht einmal weniger werden, sondern sich sogar an Vielfalt vermehren.

Wünschebaum

Ein Wünschebaum ist nicht nur dekorativer Blickfang, sondern er gibt uns auch einen Einblick in Träume und Wünsche von Kindern und Erwachsenen. Tag für Tag füllt sich der Baum mehr mit Wunschzetteln und diese laden zum Verweilen und Lesen ein. Dabei werden ganz unterschiedliche Wünsche genannt. Während das eine Kind von einem Gameboy träumt, wünscht sich das andere, dass ihm Papa abends öfters eine Geschichte vorliest. Der Wünschebaum bleibt über den Jahreswechsel hinaus an seinem Platz. Mit den Kindern gemeinsam wird der Baum abgeräumt und vielleicht ist ja der eine oder andere Wunsch wahr geworden.

Das braucht man dazu

Nadelbaum im Ständer oder Topf, Kärtchen (6 – 10 cm), bunte Bänder (je 50 cm), Locher, Körbchen, Filzstifte

Ein Vers lädt Kinder, Mitarbeiter und Eltern zu dieser Aktion ein und leitet sie zugleich an: »Was du dir von Herzen wünschst, auf der Karte hier verkünd's. Häng sie auf am Wünschebaum, vielleicht wird wahr dein schönster Traum!«
Bevor Sie die Aktion starten, sind einige Vorbereitungen erforderlich. Wählen Sie für den Baum einen Platz, der für Kinder und Erwachsene leicht zugänglich ist. Gut eignet sich der Eingangsbereich oder Flur der Kita. Beschriften Sie die einzelnen Karten mit

✶ Name ______________________

✶ Alter ______________________

✶ Mein Wunsch ________________

Natürlich steht es jedem frei, ob er seinen Namen nennen oder lieber anonym bleiben möchte. Stanzen Sie mit dem Locher ein Loch in die linke obere Ecke des Kärtchens und befestigen Sie daran das Band. Die Kärtchen kommen in einen Korb und finden zusammen mit den Stiften ihren Platz auf einem Tisch neben dem Baum. Bei einer Gesprächsrunde mit den Kindern wird deutlich, dass es ganz unterschiedliche Wünsche gibt, große und kleine, leicht und schwer erfüllbare, mancher Wunsch bleibt möglicherweise ein Traum. Begeistert von dieser Aktion beginnen die Kinder ihre Wunschkärtchen zu beschriften. Bei Kindern, die noch nicht schreiben können, übernehmen Sie die Aufgabe, den Wunsch des Kindes zu notieren. Sicher bleibt es nicht bei dem einen Wunsch und so zieren immer mehr Kärtchen den Baum.

Variante: Planen Sie eine Waldweihnacht, so ist es auch ein schöner Brauch, den festlich geschmückten Baum mit den Wunschzetteln der Kinder zu behängen. Die geheimen Wünsche an das Christkind sind am besten in einem Briefumschlag vor Nässe geschützt. Es ist selbstverständlich, dass der Baum später wieder abgeräumt wird.

Hilfsaktionen: »Schenken macht Freude«

Gespräche über die Botschaft von Jesus Christus und den Heiligen der Adventszeit sollten voraus gehen, auch über die Armut der vielen Menschen, besonders der Kinder in dieser Welt. In der Kita wird mit den Kindern erarbeitet, welche Möglichkeiten wir haben, um diesen Menschen ein wenig zu helfen, bevor die eigentlichen Hilfsaktionen gestartet werden.
Die Kinder bringen in Absprache mit den Eltern Spielsachen, Süßigkeiten und Kleidung von zu Hause mit. In der Einrichtung basteln sie Geschenke und backen Plätzchen. Gemeinsam werden sie liebevoll verpackt. Das Naheliegende ist, die Geschenke Asylantenkindern zu bringen, die in der Stadt untergebracht sind oder sie Kindern in einem Heim zu überreichen. In Absprache mit der jeweiligen Heimleitung überbringt die Kindergruppe die Pakete selbst.
Ist die Aktion »Schenken macht Freude« für Kinder in fernen Ländern bestimmt, z.B. für Kinder in Kriegsgebieten oder für Straßenkinder in Brasilien, wendet man sich am besten an die Pfarrämter, oder karitative Organisationen, um sicher zu gehen, dass die Gaben auch an die richtigen Adressen gelangen. Das Missionswerk z.B. unterstützt Kinder auf der ganzen Welt.

Licht verschenken

Im Mittelpunkt der Weihnachtszeit steht das Symbol des Lichts, so wie das Licht die Dunkelheit erhellt und erwärmt, so wollen auch wir Licht für andere sein, sie damit erfreuen.

Das braucht man dazu
Eine große Kerze, Streichhölzer, kleine Stumpenkerzen mit Untersatz für jeden Teilnehmer, gelbes Tuch, Papierstreifen (Strahlen) aus gelbem, orangenem, rotem Tonpapier, evtl. Legematerial

So wird's gemacht
Im abgedunkelten Raum bilden die Teilnehmer einen Sitzkreis. In der Mitte liegt das gelbe Tuch, dessen Ecken so eingeschlagen werden,

dass eine runde Form entsteht. Darauf befindet sich die brennende Kerze. Papierstreifen, Stumpenkerzen, Streichhölzer liegen bereit. *Beginnen Sie mit folgendem Text:* »Eine Kerze brennt in unserer Kreismitte. Wir schauen auf die Flamme und beobachten, wie sie sich bewegt. Wir werden nun ganz ruhig, wenn wir ruhig sind, ist es auch die Flamme. (Phase der Ruhe). Unsere Kerze leuchtet in der Dunkelheit. Welche Dinge im Raum können wir noch erkennen, welche nicht? (Die Kinder berichten). Schließt nun eure Augen und öffnet sie erst, wenn ihr das Licht und die Wärme der Kerze spürt. (Meditative Musik im Hintergrund. Mit der brennenden Kerze gehen Sie von Kind zu Kind und halten sie vor das Gesicht. Wenn alle Kinder die Augen geöffnet haben, berichten diese über ihre Empfindungen. Die Kerze wird wieder auf das Tuch gestellt). Heute wollen wir uns Licht und Wärme gegenseitig schenken und uns damit eine Freude machen.«

Nun nehmen Sie einen Papierstreifen und legen von der Kerze in der Mitte aus einen Weg zu einem Kind im Kreis. Dann holen Sie die kleine Kerze und entzünden diese an der großen. Die kleine Kerze wird vor das betreffende Kind gestellt. Dieses legt einen weiteren Weg zu einem anderen Kind. Auf Wunsch kann etwas Nettes zum Kind gesagt werden: »Ich mag an Dir …« oder aber der Platz um die Kerze wird mit Legematerial verziert. Wenn alle Wege gelegt und alle Kerzen aufgestellt sind, erstrahlt ein Lichterkranz.
Zum Abschluss singen alle das Lied »Wie eine Kerze leuchtet« (→ S. 86).

Der Weg nach Betlehem

Die Kinder bauen eine große Krippenlandschaft, in der sich Maria und Josef auf den Weg nach Betlehem machen. Jeden Tag rücken sie ein wenig näher zum Stall hin. Hirten hüten ihre Schafe auf der Weide. Kerzen säumen den Weg von Nazareth nach Betlehem. Jeden Tag brennt eine Kerze mehr, bis zum Weihnachtsfest alle leuchten. Täglich versammeln sich die Kinder zum Adventskalender-Ritual: Kerzen anzünden, zählen, wie viele Kerzen schon brennen, eine Weihnachtsgeschichte hören oder ein Lied singen. Und sie rücken Maria und Josef auf dem Weg um eine Kerze weiter. Vielleicht greifen Sie auch den alten Brauch des Hälmchenlegens auf. In die noch leere Krippe wird täglich ein Strohhalm gelegt, damit das Jesuskind weich gebettet ist. Die Krippenlandschaft regt dazu an, daran weiter zu bauen. Die Kinder überlegen, womit sie diese weiter ausschmücken und wer sich alles auf den Weg zur Krippe macht.

Das braucht man dazu
Unterlage aus naturfarbenem Rupfen, blaues Tuch für den Himmel, Schnur, Naturmaterialien wie Moos, Steine, Kiesel, Sand, Wurzeln, Zweige, Gräser, Stroh, Rinden; Bausteine, Figuren: Maria, Josef, Jesuskind, Engel, Hirten, Heilige Drei Könige, Stall; Tiere: Schafe, Esel, Ochse; Sterne, Teelichter

Verlauf
Etwa ein bis zwei Wochen vor dem 1. Advent sammeln die Kinder im Wald Naturmaterialen für die Krippenlandschaft. Eventuell ist auch das Basteln von Krippenfiguren angesagt. Eine Kommode, ein Tisch oder auch der Boden wird mit Rupfen abgedeckt. Darauf findet die Krippenlandschaft ihren Platz. Auf der einen Seite des Weges wird das Dorf Nazaret mit einigen Häusern angedeutet und am Ende des Weges entsteht Betlehem mit dem Stall und der Krippe. Ein blaues Tuch, das den Himmel darstellt, dient als Hintergrund für einen Sternenhimmel. Am ersten Adventstag markieren Teelichter den Weg nach Betlehem. Die Anzahl der Lichter muss nicht unbedingt genau der Anzahl der Tage bis zum Weihnachtsfest entsprechen. Wichtig ist nur, dass für jedes Kind ein Licht vorhanden ist. Das erste Licht wird angezündet und dazu ein Adventslied gesungen.

Die Tage bis zum Nikolaus sind ausgefüllt mit Vorbereitungen darauf. Legenden vom Nikolaus, Lieder und Gespräche bereiten die Kinder auf den Besuch des Heiligen vor.
Am 5. oder 6. Dezember besucht der Heilige Nikolaus die Kindergruppe. Weitere Lichter werden angezündet.
In den folgenden Tagen hören die Kinder die Weihnachtsgeschichte (→ S. 37f.). Maria und Josef machen sich auf den Weg und rücken nun Tag für Tag näher zur Krippe. Ein Esel begleitet die beiden auf ihrem beschwerlichen Weg.

Mitte Dezember folgen Hirten und Schafe auf der Weide.
Kurz vor Weihnachten sind Maria und Josef dem Stall sehr nahe. Der Weg ist bereits sehr hell. Ochs und Esel kommen in den Stall. Die Herbergssuche wird erzählt.
Am Tag der Weihnachtsfeier in der Kita werden Josef und Maria in den Stall gebracht und das Jesuskind in die Krippe gelegt. Hirten kommen mit ihren Schafen zur Krippe, um das Kind zu sehen.
Kurz vor dem Dreikönigstag machen sich die Heiligen Dreikönige auf den Weg, um am 6. Januar an der Krippe anzukommen.

Tannenbaum legen

Das braucht man dazu
Tannen- oder Fichtenzweige, Glockenspiel, Weihnachtsglöckchen, Legematerial wie Glassteine oder selbst Gesammeltes aus der Natur, Entspannungsmusik

So wird's gemacht
Jedes Kind bringt von zu Hause einen Zweig mit. Sie werden in einem Korb gesammelt, der dann bei der Aktion in die Mitte gestellt wird.
Nun darf jeweils ein Kind einen Zweig herausholen und diesen einem anderen Kind überreichen. Hat jedes Kind einen Zweig, schließt es die Augen und befühlt ihn vorsichtig.
Mit offenen Augen beschreiben die Kinder das Gefühlte und die Eigenschaften dieses Zweiges. Sie fühlen bewusst die Form nach.
Mit geschlossenen Augen versuchen sich die Kinder vorzustellen, wie diese Zweige an einem großen Baum hängen und wie dieser wohl aussehen mag. Dazu spielt die Erzieherin auf dem Glockenspiel.
Die Augen wieder geöffnet erzählen sie von »ihrem« Baum.
Um den Duft der Zweige intensiv und bewusst wahrzunehmen, schließen die Kinder erneut die Augen, die erst wieder geöffnet werden, wenn das Weihnachtsglöckchen erklingt.
Danach legt immer das Kind, welches von der Erzieherin mit einem Zweiglein sanft berührt wird, seinen Zweig so in die Mitte, dass gemeinsam ein großer Weihnachtsbaum entsteht.

Mit Musik im Hintergrund schmücken die Kinder den Baum mit bereitgestelltem Legematerial.
Zur Betrachtung des fertigen Werkes singen die Kinder das Lied vom »Tannenbaum«.
Diese Meditation kann auch durch das Legen eines Adventskranzes variiert werden.

Tipp: Mit einem angefeuchteten Wollfaden können Sie vorher die Umrisse des Tannenbaumes oder des Adventskranzes auf den Teppich legen. Damit geben Sie gerade den jüngeren Kindern eine Orientierungshilfe.

Stille Spiele

Krippenspiel

Dieses Krippenspiel eignet sich gut für Kindergartenkinder. Die Reimform kommt Kindern entgegen und die kurzen Texte sind leicht zu erlernen. Da viele Rollen möglich sind, kann die gesamte Gruppe in das Spiel einbezogen werden. Kinder, die sich nicht am Rollenspiel beteiligen, haben vielleicht Freude daran, im Orchester mitzuwirken. Ein Weihnachtslied umrahmt die Handlung. Die Melodie des bekannten Liedes »Ihr Kinderlein kommet« liefert dafür die Vorlage.

Vorbereitung des Raumes
Der Schlichtheit des Spiels entspricht die Kulissengestaltung, die mit einfachen Mitteln erfolgt.
Naturmaterialien markieren den langen Weg nach Betlehem. Mit naturfarbenen Decken und Tüchern wird die Krippenhöhle gestaltet, auf deren Boden ein wenig Stroh liegt. Als Futterkrippe dient eine Schachtel mit einem Tuch umkleidet. Das Licht von Laternen beleuchtet die Szene. Über der Krippe ist ein großer Stern angebracht. Kurz vor der Vorstellung werden die Stühle der Zuschauer im Halb-

kreis vor der Spielfläche angeordnet. Der Raum wird abgedunkelt und mit Tischlaternen ein wenig erhellt.

Spieler und Requisiten
Maria: Umhang aus blauem Stoff, mit einer Kordel zusammen gebunden
Josef: Umhang aus braunem Stoff, ein Spazierstock
Wirte: Schürzen
Wirtshäuser: Je zwei Kinder in dunkler Kleidung bilden durch Handfassung das Eingangstor zum Wirtshaus.
Kinder: Alltagskleidung, Requisiten wie im Text angegeben: Decke, Hemd, Töpfchen, Mütze, Eimer, Tücher, Püppchen, Körbchen (Käse, Butter), Laterne
Jesuskind: große Babypuppe
zum Türklopfen: Tambourin

Spielvorbereitung
Die Kinder verkleiden sich entsprechend ihrer Rolle und setzen sich am Rande der Spielfläche mit den erforderlichen Requisiten nieder. Diejenigen, welche die Häuser spielen, stellen sich an den Wegesrand. Das Jesuskind (Babypuppe) liegt für die Zuschauer nicht sichtbar hinter der Futterkrippe.

Spielverlauf
(Lied nach der Melodie »Ihr Kinderlein kommet«)
Wir grüßen euch alle, so öffnet das Ohr.
Wir spielen die alte Geschichte euch vor.
Maria und Josef, sie zieh'n übers Land,
so weit sind die Wege, so steinig der Sand.
Maria und Josef, die mussten weit gehen.
Viel Tage und Nächte bis Betlehem.
Sie sind schon ganz müde, seht ihr dort den Stern,
ein Zeichen des Schutzes, von Gott, unserm Herrn.

(Maria und Josef gehen langsam den Weg entlang)

Maria: (sehr müde)
O Josef, o Josef, ich kann nicht mehr gehen,
kannst du nicht schon bald eine Herberge sehn?
Josef: Maria, Maria, komm, fürchte dich nicht
Ich seh in der Ferne am Haus dort ein Licht.
(Josef klopft beim ersten Wirt)
1. Wirt: Wer klopft so spät an meine Tür?
(Wirt kommt durch das »Tor«)
Josef: Zwei arme Wanderer stehen hier, wir zogen bei Nacht und Winterwind.
Habt Mitleid – ihr seht – wir bekommen ein Kind!
1. Wirt: Das habt ihr beide euch so gedacht,
schnell wird die Türe zugemacht.
Bis unters Dach ist voll mein Haus,
zieht ihr nur weiter in die Welt hinaus!
(Wirt macht eine Kehrtwendung durch das »Tor« hindurch. Josef klopft beim zweiten)
2. Wirt: Wer klopft so spät an meine Tür?
(Spielanweisung siehe oben!)
Josef: Zwei arme Wanderer stehen hier. Wir zogen über hartes Gestein,
wir bitten euch: So lasst uns ein!
2. Wirt: Das habt ihr beide euch so gedacht,
schnell wird die Türe zugemacht.
Ihr werdet vielleicht noch Diebe sein?
Nein, nein, ich lass euch nicht herein!
(Josef klopft beim dritten Wirt)
3. Wirt: Wer klopft so spät an meine Tür?
Josef: Zwei arme Wanderer stehen hier, seht ihr
– wir leiden bittre Not,
so helft uns, es vergelts's euch Gott«
3. Wirt: Ich hätt euch gerne aufgemacht,
mein Haus ist voll in dieser Nacht.
Doch meinen Stall, den geb ich euch,
kommt mit, ich zeig den Weg euch gleich.

Lied »Ihr Kinderlein kommet«, 1. Strophe

(Während das Lied »Ihr Kinderlein kommet« gesungen wird, begleitet der Wirt Maria und Josef zur Krippe. Der Wirt verabschiedet sich. Maria setzt sich hin und wiegt die Puppe in ihren Armen, bevor sie diese in die Krippe legt.)

Kinder: (Die Kinder treten nacheinander zur Krippe, überreichen das Geschenk und verlassen dann das Spielfeld)
1. Kind: Ich bring eine warme Decke hier.
2. Kind: Ich schenk ein weißes Hemdchen dir.
3. Kind: Einen Topf mit Suppe hab ich dabei.
4. Kind: Eine warme Mütze leg ich ins Heu.
5. Kind: Ich schlepp den Wassereimer her
mit frischem Wasser, der ist schwer!
6. Kind: Mit Tüchern komm ich weich und warm.
7. Kind: Mein Puppenkind hab ich im Arm.
8. Kind: Mit Käse und Butter komm ich gerannt.
9. Kind: Das Holz, die Laterne hab ich in der Hand.
Maria: Wir danken euch allen, groß und klein,
wir Armen sind nicht mehr allein.
Mein Kind, das liegt auf Heu und Stroh,
macht alle Menschen frei und froh.
Josef: Kommt alle heran an die Krippe – seht,
die Tür weit für euch offen steht.
(Kinder versammeln sich am Boden sitzend vor der Krippe)

(Lied nach der Melodie »Ihr Kinderlein kommet«)

Im Stalle das Kindlein, ist heut gebor'n.
Wir Menschen auf Erden sind nicht mehr verlor'n.
Wir loben und danken heut Gott, unserm Herrn.
Hoch über der Krippe, da leuchtet der Stern.
Wir singen und spielten zur heiligen Nacht.
Wir haben uns alle zum Stall aufgemacht.
So tretet herein, kniet euch nieder und seht:
Die Tür zu der Krippe heut offen uns steht.
(alle Verse: Barbara Cratzius)

Glöckchen in der Nussschale

Das braucht man dazu
Korb, Tuch, Walnüsse, Glöckchen, Kleber

So wird's gemacht
In einen flachen Korb oder auf ein farbiges Tuch werden mehrere Walnüsse gegeben. Die Nüsse sollen in Größe und Aussehen möglichst ähnlich sein, damit sie schwer voneinander zu unterscheiden sind. Eine Walnuss wird vorher geöffnet und geleert. Zwischen die unversehrten Walnussschalen legt man ein kleines Glöckchen und klebt die Schalenhälften anschließend wieder sorgfältig zusammen. Die Kinder sitzen um den Korb herum. Reihum darf nun jedes Kind zwei Nüsse nehmen und diese in der Hand schütteln. Enthält eine der beiden Nüsse das Glöckchen, so darf es die zweite Nuss behalten. Das Glöckchen in der Nussschale wandert wieder in den Korb zurück und alle Nüsse werden einmal gut durchgemischt, bevor das nächste Kind dran ist. Das Spiel geht solange weiter, bis jedes Kind mindestens eine Nuss bekommen hat. Dann werden alle im Spiel gewonnenen Nüsse geknackt und verzehrt.

Sinnes-Memory

Das braucht man dazu
Nüsse, Fichtenzapfen, Zweiglein, Moos, Rindenstücke und Ähnliches; Jogurtbecher

So wird's gemacht
Die Kinder suchen nach Dingen im Raum, die Bestandteil der Weihnachtsdekoration sind. Von allen Gegenständen sollte ein Paar gefunden werden. Diese werden vermischt ausgebreitet. Jeder Gegenstand wird unter einem Jogurtbecher versteckt. Die Kinder decken nun reihum auf und spielen nach den bekannten Memory-Spielregeln.
Es kann am Boden oder an Tischen gespielt werden.

Weihnachtsklänge erkennen

Das braucht man dazu
Glöckchen, Schellenband, Triangel, Glockenspiel, Geschenkpapier, Goldfolie, Nüsse, Nussknacker und Ähnliches

So wird's gemacht
Die Kinder sitzen im Kreis. Die Erzieherin hat vor sich die Gegenstände ausgebreitet. Mit Blickkontakt wählt sie jeweils ein Kind, welches wiederum einen Gegenstand auswählt und diesen zum Klingen bringt. Sind alle Gegenstände ausprobiert und benannt, schließen die Kinder ihre Augen. Sie lauschen dem ersten Klang, den nun die Erzieherin produziert und raten, was das wohl war.

Christkindlwerkstatt

Brauchen Sie Geschenkideen, die Kinder mit Liebe für ihre Lieben herstellen? – Oder für einen Elternabend, an dem Väter und Mütter kreativ für Menschen, die ihnen am Herzen liegen, selbst aktiv werden? – Selbst gemachte Präsente stehen hoch im Kurs. – Und hier sind sie! Wir zeigen Ihnen Geschenke zum alltäglichen Gebrauch, zum Spielen, zur Dekoration, als himmlischen Genuss für Nase und Gaumen.

Kleine Zwerge

Wichtel und Zwerge sind geheimnisvolle Besucher in der Adventszeit, die nicht nur die Kinder erfreuen. Diese Wichtel brauchen Sie für das beliebte Ritual in der Kita, sie sind aber auch ein niedliches Geschenk.

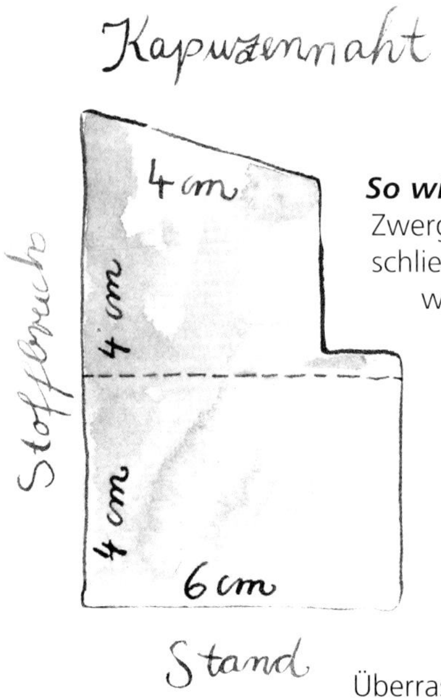

Das braucht man dazu
Bunte Filzreste, weiße ungesponnene Schafwolle, Schablone, Schneiderkreide, Nähnadel, Faden, Schere

So wird's gemacht
Zwergenmantel zuschneiden (siehe Zeichnung), Kapuzennaht schließen. An der markierten Stelle Kräuselfaden durchziehen. Ein wenig gezupfte Schafwolle in das Mäntelchen geben, den Kräuselfaden zusammenziehen und zubinden. Herausstehende Schafwolle unten abschneiden, so dass eine Standfläche entsteht. Die Zwerge können in verschiedenen Größen gearbeitet werden. Der Kopf darf aber nicht zu klein werden.

Großer Zwerg

Die Herstellung dieses Zwerges aus einem Waschhandschuh ist einfach und als Handpuppe oder als Wichtel, der eine Überraschung in sich birgt, einsetzbar.

Das braucht man dazu
Frottee-Waschhandschuh, weiße ungesponnene Schafwolle, Geschenkband, Schelle, Nähzeug

So wird's gemacht
Die obere Ecke des Waschhandschuhs nach innen stülpen. Die so entstandene Kapuze mit Schafwolle ausstopfen. Bart aus Schafwolle zurechtzupfen, am Kopf anbringen und mit Faden und Nähnadel fixieren. Mit einem Band den Kopf locker abbinden und Schelle annähen. Um dem Wichtel Standfestigkeit zu verleihen, kann in den unteren Teil des Waschlappens etwas Schafwolle oder, falls er eine Überraschung bergen soll, eine Tüte Süßigkeiten gestopft werden. Dient er als Handpuppe, darauf achten, dass ein Finger zur Führung der Puppe in den Kopf geschoben werden kann.

Adventszeit – Kerzenzeit

Ob zur gemütlichen Teestunde oder zum Vorlesen einer Adventsgeschichte, als Geschenk für Eltern, Verwandte und liebe Freunde, Kerzenglanz bringt Wärme in alle Herzen. Die Kerze als Symbol in der Weihnachtszeit steht im Mittelpunkt vieler Aktionen, deshalb zeigen wir Ihnen gleich mehrere Gestaltungsvarianten auf.

Kerzen mit Servietten-Technik verzieren

Diese Technik ist sehr wirkungsvoll, zudem auch leicht und schnell für die Kinder durchführbar. Als Angebot für einen Elternbastelabend ist sie eine beliebte Idee.

Das braucht man dazu
Kerzen, Spiritus, Papierservietten, Allesfarbe, Kerzenmal-Medium, Fixiermittel, Pinsel, Schere

So wird's gemacht
Kerzen mit Spiritus reinigen. Aus Papierservietten Motive ausschneiden oder reißen. Zum Aufkleben braucht man nur die oberste Lage der Serviette, deshalb diese vorsichtig ablösen. Motive probeweise auf die Kerze legen. Steht die Anordnung fest, können die Motive fixiert werden. Zum Fixieren »Allesfarbe und Kerzenmal-Medium« im Verhältnis 1:1 mischen und Motiv auf der Kerze überstreichen. In jedem Fall auf die Packungshinweise des Herstellers achten.

Glitzer-Windlicht

Das braucht man dazu
Topfreiber silbern (Haushaltswarengeschäft), Glas (z.B. altes Senfglas), Glitzersteine, Glassteine, Perlen oder Pailletten, silberne Kordel oder Schleife, Teelicht

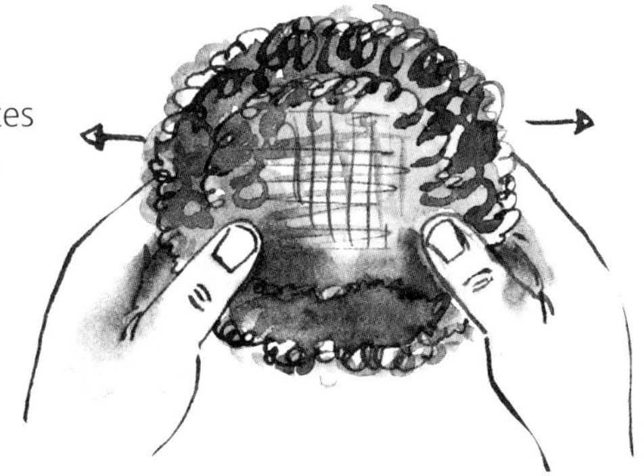

So wird's gemacht
Topfreiber in der Mitte auseinander ziehen und zusammen gedrehtes Ende lösen. Falls der Rand zu fransig

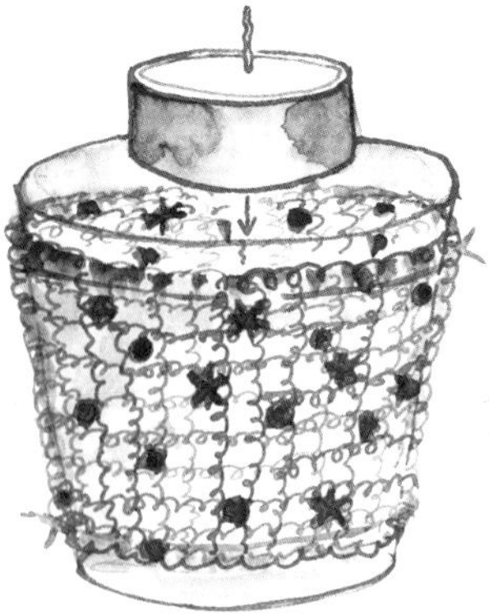

wird, mit der Schere etwas abschneiden. Topfreiniger über die Glaswand ziehen wie eine Socke, dabei bleiben das obere und untere Ende etwas eingerollt. Steinchen, Perlen und dergleichen zwischen Glas und Netz des Topfreibers stecken. Oben ein Band oder eine Kordel anbringen und mit Teelicht beleuchten.

Variante mit Naturmaterialien
Zwischen Glas und Netz Naturmaterialien wie ein Stückchen getrocknete Orangenschale, Erdnüsse, Hagebutten und Ähnliches stecken. Anstelle von Silberkordel Bast verwenden.

Windlichter-Krönchen

Geprägt aus Metallfolie sind sie als Weihnachtsdekoration auf Tischen und in Fenstern eine »leuchtende Idee«. Wegen ihrer Form sind sie als Dekoration besonders für den Dreikönigstag geeignet.

Das braucht man dazu
Metallfolie, weiche Unterlage, Spieße zum Mustereindrücken, Karton für Zackenschablone, Schere, Klebstoff, Teelicht, Glas

So wird's gemacht
Zackenschablone anfertigen, dabei einen Zacken mehr (zum Überlappen) ausschneiden als Glasumfang oder Kerzengröße. Folie auf weiche Unterlage legen, darauf die Zackenschablone und die Umrisse wie Muster einprägen. Krönchen ausschneiden, zusammenkleben und die Zacken etwas nach außen biegen. Krönchen über Glas mit Teelicht stülpen.
Aus geprägter Metallfolie lassen sich in gleicher Weise auch Lichtsäulen und Lichtkegel in verschiedenen Größen herstellen. Zur Beleuchtung stellt man Kerzen in ein Glas oder auf einen Teller, der als Untersatz dient.

Apfellicht

Schon immer war es Brauch mit kleinen roten Äpfeln den Weihnachtsbaum zu schmücken, Apfelmännchen oder Apfellichter zu basteln.

Das braucht man dazu
Rotbackige Äpfel, rote Christbaumkerze, Goldfolie oder Tannenreisig, Messer oder Kernhausausstecher, weiches Tuch

So wird's gemacht
Apfel polieren, bis er schön glänzt. Bei der Blüte ein ca. 2 cm großes Loch aushöhlen. Kerze hineinstecken und sie mit Tannenreisig oder einer Manschette aus Goldfolie fixieren.

Engel und andere himmlische Erscheinungen

Was wäre Weihnachten ohne Engel, die Boten zwischen Himmel und Erde? Nachfolgend einige Anregungen für die Herstellung dieser himmlischen Wesen.

Engel aus Holz

Sägearbeit für etwas ältere Kinder. Die Engel sehen auf Tischen oder auf einer mit Moos und Tannenzapfen belegten Fensterbank, himmlisch aus.

Das braucht man dazu
Sperrholz, Laubsäge, Acryl-Mattfarbe oder andere Farben zum Holzbemalen oder Lasieren, Gold-Plakafarbe, dicken und dünnen Pinsel, Papier, Bleistift, Schere, Schmirgelpapier, Holzleim

So wird's gemacht
Engel auf Papier zeichnen (in Frontalansicht oder im Profil), ausschneiden und als Schablone auf das Sperrholz legen. Umrisse nach-

zeichnen und aussägen. Einen kleinen rechteckigen Sockel aussägen. Die Ränder mit Schmirgelpapier glätten. Den Engel und Sockel anmalen. Nach dem Trocknen der Farbe den Engel mit dem Holzleim auf den Sockel kleben und etwas mit Goldfarbe betupfen.

Einfacher Stabengel

Das braucht man dazu

Gold- und Silberfolie, Tortenspitzen, Goldstoffreste oder breite Geschenkbänder, weiße Federn, Watte, weißen Karton, Bleistift, Buntstifte, Schere, Klebstoff, Schaschlikstäbe aus Holz, Klebeband; zur weiteren Ausschmückung Perlen, Pailletten und Flitter

So wird's gemacht

Die Kinder zeichnen einen Engel in der Größe von 10 bis 12 cm mit großen Flügeln auf den Karton und schneiden ihn aus. Die Flügel mit Klebstoff bestreichen und mit Federn oder Watte bekleben. Das Gewand des Engels wird mit Folien,

Stoffresten, Geschenkbändern und Tortenspitzen gestaltet. Dabei können ältere Kinder auch die Folie in viele Falten legen und so dem Engel

ein plissiertes Kleid aufkleben. Das Gesicht mit den Buntstiften ausmalen, aus Watte Haare aufkleben. Von der Folie einen Haarreif mit Stern ausschneiden und aufkleben. Den Kindern

sind in der Ausschmückung mit Perlen, Pailletten und Glitter keine Grenzen gesetzt.
Auf der Rückseite Stab mit Klebeband befestigen.
Der Weihnachtsengel ziert Sträuße mit Zweigen, Geschenkpakete und vieles mehr.
Kleben die Kinder ein Papier- oder Schleifenband mit Weihnachtsspruch an den Stab, wird der Engel zu einer originellen Weihnachtskarte.

Variante: Auf diese Weise weitere Weihnachtsmotive, wie Sterne, Weihnachtsmänner, usw., herstellen.

Engel aus Pappmachée

Dieser Engel ist ca. 60 cm groß und schwebt wirkungsvoll an der Decke der Eingangshalle, des Gruppenraumes oder zu Hause im Kinderzimmer. Ältere Kinder arbeiten selbstständig in mehreren Etappen an dieser Figur, während man mit jüngeren Kindern einen Engel als Gemeinschaftsarbeit herstellen kann.

Das braucht man dazu
Maschendraht, 50 cm breit, Pappe, Tapetenkleister, Zeitungen, Plastika (Pulver, das mit Wasser angerührt wird), Pappkerne von Haushaltsrollen, kompakte Farben zum Bemalen und Wollreste

So wird's gemacht
Aus Maschendraht eine Rolle formen und zusammen binden. Am Hals einfach zusammen drücken. Kopf mit geknülltem Zeitungspapier ausfüllen und rund zusammendrücken. Körper mit Papier ausstopfen und dabei die Papprollen als Beine einschieben. 10 bis 20 cm breite Zeitungsstreifen mit Tapetenkleister einstreichen und alles damit umwickeln. Papprollen für die Arme mit den Zeitungsstreifen als Bandagen an den Körper ansetzen, dabei etwas in den Drahtunterbau schieben. Mit eingeweichten und geknüllten Zeitungsstücken einzelne Stellen noch etwas ausmodellieren. Hände, Nase und Füße damit modellieren. Später können diese mit Plastika noch feiner ausgearbeitet werden. Flügel und Ohren aus Pappe zuschneiden. An

den Nahtstellen einschneiden, auseinander biegen und mit den Zeitungsbandagen ansetzen. Nach dem Trocknen fantasievolle Kleidung aufmalen und mit Wolle oder Engelshaar eine Frisur aufkleben.

Engel und Sterne aus Metallfolie

Das braucht man dazu
Metallfolie in Gold, Silber oder Kupfer; Transparentpapier, Kugelschreiber, Bleistift, kleine spitze Schere, dicke Nadel, Lage Zeitungspapier, Tesafilm, Perlschnur

So wird's gemacht
Engel und Sterne auf das Transparentpapier zeichnen und dieses mit Tesafilm auf der Metallfolie befestigen. Folie auf die dicke Zeitungsunterlage legen und das Motiv entlang der Konturen mit dem Kugelschreiber einprägen. Weitere Verzierungen mit der Nadel eindrücken und die Motive mit spitzer Schere ausschneiden. Für die Aufhängung ein Stück Perlschnur in Nadel fädeln, am oberen Rand der Motive durchstechen und verknoten.

Sternenhimmel

Das braucht man dazu
Maschendraht von der Rolle, gelben Karton oder Goldfolie für die Sterne, Nadel und Faden, Lichterkette

So wird's gemacht
Maschendraht an der Decke quer durch den Raum spannen. Die Kinder schneiden jeden Tag, wann sie gerade Lust haben, Sterne aus, fädeln jeden auf einen Faden und binden ihn mit Hilfe der Erzieherin an den Maschendraht. Zuletzt, kurz vor dem Weihnachtabend, wird der Betlehemstern mit einem imposanten Schweif dazu gehängt. Damit der Sternenhimmel schön glitzert, kann eine Lichterkette dazwischen montiert werden. Auch die Päckchen des Adventskalenders finden dort einen geeigneten Platz.

Schönes und Duftendes für die Sinne

Manchmal bringt ein wenig Natur mehr Weihnachtsstimmung als Glitter und Glanz. Moos und Tannenzapfen und Zitrusfrüchte gehören ebenso zu Weihnachten wie grüne Zweige mit Nadeln. Tannenzweige, Buchs, Misteln und Ilex sind nicht wegzudenken. Nachfolgend nennen wir schöne Geschenke aus der Natur und Floristik, die auch jüngere Kinder selbst herstellen können.

Mooskugel

Holen Sie mit den Kindern Moos aus dem Wald und damit etwas vom Grün des Winters ins Haus. Umwickeln Sie damit Styroporkugeln, die mit einem kleinen Trick weihnachtlich duften.

Das braucht man dazu
Moos, Styroporkugeln, Styroporkleber, Golddraht, Duftöl, Plastikbeutel, Goldkordel

So wird's gemacht
Moos etwas trocknen lassen, vorsichtig ausschütteln, so fällt überflüssige Erde ab. Kugel nach und nach mit Kleber bestreichen und mit Moos bekleben. Moos fest andrücken, die Kugel mit Golddraht umwickeln. Duftöl auf Mooskugel träufeln und einige Tage luftdicht im Plastikbeutel aufbewahren. Vor dem Verschenken kann noch eine Goldkordel umgebunden werden.

Verzierte Zitrusfrüchte

Ist die Schale von Zitrusfrüchten einmal angeritzt, verbreiten sie einen Duft, den man sicher mit Weihnachten in Verbindung bringt. Verzierte Früchte sind ein Geschenk für die Sinne, das aber etwas Geschick erfordert.

Das braucht man dazu
Zitrusfrüchte wie Orangen, Zitronen Limonen; Linolmesser-Set

So wird's gemacht
Zitrusfrüchte mit warmem Wasser gut waschen, besonders, wenn sie behandelt sind. Mit dem Linolmesser-Set verschiedene Muster wie Spiralen, Ranken, Blätter, Schuppen und Streifen in die Früchte schnitzen. Die jeweiligen Messer ergeben die unterschiedlichsten Spuren. Zusätzlich können die Früchte mit Nelken gespickt werden. Im Gegensatz zum klassischen Pomander ist es hier viel leichter, die Nelken in die angeritzte Frucht zu stecken.

Kette mit Zitrusfrüchten

Zur vorweihnachtlichen Zeit gehört auf alle Fälle der Duft von Orangen. In Scheiben geschnitten und aufgefädelt auf einen Bindfaden, sind sie eine schöne Raumdekoration.

Das braucht man dazu
Orangen, kleine Obstmesser, Schneidebretter, Bindfaden, stumpfe Stopfnadel

So wird's gemacht
Orangen vorsichtig in Scheiben von 0,5 bis 1 Zentimeter schneiden und dann bei 50 Grad eineinhalb bis zwei Stunden im Elektroherd trocknen. Mit einer stumpfen Stopfnadel getrocknete Orangenscheiben auffädeln und den Raum damit dekorieren.

Variante: Zwischen die Orangenscheiben kurze Stücke Zimtrinde, kleine Buchszweiglein und andere Dinge aus der Natur fädeln.

Adventspotpourri

Eine Potpourrischale erfüllt den Raum mit verheißungsvollen Duft. Mit einer Mischung aus getrockneten Blüten, Blättern, Gewürzen, Früchten und deren Schalen, mit Hölzern und Ölen, lässt sich ein Potpourri leicht selbst zusammenstellen. Geeignet ist praktisch alles, was uns die Natur an Farben, Formen und Duftvarianten zu bieten hat. In Säckchen abgefüllt, ist es ein passendes Geschenk für Weihnachten.

Duftsäckchen

Eine einfachere Variante des Duftkissens, ohne Näharbeit.

Das braucht man dazu
Stoffreste oder Filz (in diesem Fall weihnachtliche Stoffe und Farben), Locher, Schnur oder Wollfäden für eine Kordel, Dessertteller und Stift, Schere oder Zickzackschere, Duft-Potpourri oder getrocknete Lavendel- und Rosenblüten, Kräuter wie Lorbeer, Rosmarin, Gewürze wie Anis, Zimt, Nelken

So wird's gemacht
Die Stoffreste mit der Vorderseite nach unten auf dem Tisch ausbreiten, Teller umgedreht darauf legen und mit einem Stift den Rand abzeichnen. Mit Zickzackschere ausschneiden. An den Rand jeweils im Abstand von ca. einem Zentimeter mit dem Locher Löcher einstanzen, durch die dann die Kordel oder die Schnur gezogen wird. Das Säckchen mit den duftenden Blüten, Kräutern und Gewürzen füllen und zubinden.

Mini-Weihnachtsbaum

Ein Geschenk aus der Floristik, wenn sie einen großen Kiefernzapfen mit Fundstücken aus der Natur verzieren – eine süße Überraschung, falls Sie ihn lieber mit Schokostreuselplätzchen füllen.

Das braucht man dazu
Großen Zapfen, Töpfchen aus Ton oder mit Packpapier umwickelten Becher (muss aber mit Sand gefüllt sein, damit er Standfestigkeit hat), Moos, Beeren getrocknete Blüten, Golddraht

So wird's gemacht
Zapfen in das vorbereitete Töpfchen stecken. Mit einem kleinen Messer das Moos zwischen die Schuppen des Zapfens stopfen. Blüten und Beeren (Vorsicht bei Beeren, keine giftigen verwenden) auf den Golddraht fädeln und den Zapfen damit nach Belieben umwickeln.

Süße Variante: Schokoplätzchen zwischen die Schuppen des Zapfens stecken und um den Topf eine rote Schleife binden.

Adventskranz

Ein immergrüner Kranz zum Fest, mit den Kindern selbst gebunden, schmückt Haus- und Gruppentüre oder ein Fenster in der Kita. Als Adventskranz steht er im Mittelpunkt bei täglichen Ritualen. So verschieden, wie die Kinder in ihrer Persönlichkeitsstruktur sind, so verschieden dürfen auch die Zweige sein (Tanne, Fichte, Kiefer, Buchs, usw.). Jedes Kind bekommt als Aufgabe bis zum ersten Advent, der in der Kita gefeiert wird, einen Zweig mit zu bringen. Die Erzieherin besorgt die weiteren Materialien.
Während der Kranz gebunden wird, singen alle gemeinsam das Lied: »Kranz binden« (→ S. 90).

Das braucht man dazu

Weihnachtszweige, Metallreifen, Peddigrohr (oder Gymnastikreifen für großen Adventskranz), eine Spule Blumendraht

So wird's gemacht

Zweige in ca. 12 bis 15 cm lange Zweiglein brechen oder mit der Gartenschere abschneiden. 3 bis 5 gleich lange Stangen Peddigrohr zu einem Reifen verbinden, mit Klebeband die Ansatzstelle zusammenhalten.
Kranz binden: 2 bis 3 Zweiglein zusammenfassen, auf den Reifen legen, mit Blumendraht zwei- bis dreimal fest umwickeln.
Wieder einige Zweiglein zusammenfassen und so anlegen, dass der Blumendraht gut verdeckt wird. So fortfahren, bis der ganze Reifen umwickelt ist, dabei darauf achten, dass die Zweige in der gleichen Richtung liegen.
Der Adventskranz kann mit allerlei weiteren Naturmaterialien geschmückt werden.

Geschenkpapier bedruckt

Alle Geschenke werden weihnachtlich verhüllt und so bedrucken die Kinder das Papier selbst. Dabei kann man durchaus Packpapier verwenden. Gold- und Silberdruck geben hierbei einen besonders reizvollen Kontrast, aber auch weiße Farbe passt gut dazu.

Das braucht man dazu
Für den Druckstock: Schaumstoff, Korken, großporigen Schwamm, Steckschwamm (aus dem Blumengeschäft), Moosgummi; Pappe, Kleber; für die Halterung: Pappe

So wird's gemacht
Für die Halterung aus Pappe mehrere 5 × 6 cm große und ebenso viele 1,5 × 6 cm große Rechtecke ausschneiden. Mit Alleskleber jeweils ein kleineres Rechteck als Griff auf ein größeres kleben.
Für den Stempel Druckmuster auf Schaumstoff oder Schwamm zeichnen und ausschneiden. Auf die Papphalterung kleben und gut trocknen lassen. Stempel in Farbe tauchen und auf das Papier drucken.
Variante: mit den großporigen Schwämmen und feineren Schwämmen kann auch kreativ nach eigenen Ideen ein Muster aufgewischt werden.

Christbaumschmuck
… aus Honigwachsplatten

Ein duftender Schmuck zu duftenden Zweigen, für den Weihnachtsbaum, wie auch auf Geschenkpäckchen.

Das braucht man dazu
Honigwachsplatten, Ausstechformen mit Weihnachtsmotiven, Kordel oder Schleifenband, Schere, Metallspieß, grünen Zweig

So wird's gemacht
Die Motive aus den Honigwachsplatten ausstechen, am oberen Rand des Anhängers ein Loch ausstechen, Band hindurch ziehen und verknoten. Zum Verschenken Anhänger an einen grünen Zweig binden.

… aus getrockneten Orangenscheiben

Das braucht man dazu
Getrocknete Orangenscheiben, Goldschnur, Nadel, Perlen

So wird's gemacht
Die getrockneten Orangenscheiben quer auf Goldschnur auffädeln, an eines der Enden mehrere Perlen fädeln, an das andere Ende eine Aufhängeschlaufe anbringen.

… aus vergoldetem und versilbertem Herbstlaub

Haben Sie noch gepresste Eichenblätter in Ihrer Bastelkammer, lässt sich ein ungewöhnlicher, aber nicht minder dekorativer Baumschmuck herstellen.

Das braucht man dazu
Gepresste Eichenblätter, Gold- und Silberfarbe, Pinsel, Nadel, Faden, Gold- und Silberperlen, Glasperlen in verschiedenen Farben und Größen

So wird's gemacht
Blatt auf einer Seite Gold oder Silber bemalen, trocknen lassen. Am Blattende Faden verknotet anbringen und drei bis vier Perlen auffädeln. Am Ende wieder gut verknoten. Zum Verschenken das Blatt in Zellophantüten verpacken oder an einen Zweig binden.

Weihnachtskugeln

Das braucht man dazu
Kugel aus Styropor mit ca. 7,5 cm Durchmesser. Pattex-Montagekleber, 1 Knäuel Hanfkordel 2,4 mm (Paketschnur), weiße Wandfarbe, Gold- und Silberfarbe, Schere, Lineal, Stricknadel, Abtönfarbe Umbra, weichen dicken China-Haarpinsel, kleines Hauhaltsmesser

So wird's gemacht
Kugel auf Stricknadel stecken, gleichmäßig dick mit Montagekleber bestreichen und Bindfaden in Spiralenform oder ähnlichem Muster, in Spalten (wie bei Obst) aufkleben. Für die Schlaufe 30 cm Schnur abschneiden. Enden mit Klebstoff versehen und mit einem spitzen Gegenstand tief in die Kugel eindrücken. Nach dem Trocknen Kugel dick mit leicht getönter Wandfarbe bestreichen. Farbe dabei möglichst breiig auftragen und eventuell Farbe ein zweites Mal drüberstreichen. Zum Schluss, wenn die Kugel gut durchgetrocknet ist, die Kordeln mit goldener oder silberner Farbe nachmalen und je nach Fantasie Punkte dazwischen malen.

Krippe aus Steinen

Zum Bau dieser Krippe braucht man schon einiges Geschick. Deshalb ist die Mithilfe von einem Erwachsenen notwendig, es sei denn, ältere Kinder betätigen sich als Baumeister. Ist das Werk vollbracht, ist es sicher viele Jahre der Mittelpunkt der Adventsgestaltung.

Das braucht man dazu
Steine (nicht zu groß), Stöcke für das Dachgerüst, Quickzement aus dem Baumarkt, Sand, altes Brett (oder Tablett), Maurerspachtel aus Gummi, Alufolie; für das Dach winzige Nägel, Hammer und Stroh

So wird's gemacht
Brett mit Alufolie bedecken und darauf jede der drei Mauern für sich liegend mauern. Steinreihe für Steinreihe in dick aufgetragenen Zement drücken. Dabei vom Quickzement immer nur wenig anrühren, da er sehr schnell abbindet (am besten für jede Mauer extra anrühren). Die drei Mauern aufstellen und an den Ecken mit Zement verbinden. Das Dach mit winzigen Nägeln zusammen zimmern und Stroh darauf legen. Den Dachstuhl auf den Mauern mit Zement befestigen.
Die Krippe mit Heu, Stroh oder Moos ausgelegen. Die Figuren können Sie selbst mit den Kindern zum Beispiel aus Pappmaché modellieren oder aus Filz nähen, falls Sie nicht schon welche besitzen.

Musiktruhe

Wie eine Kerze leuchtet

Text und Melodie: Franz Kett

2. Wie eine Kerze warm macht,
so möchte ich selber sein.
Ich möchte Wärme schenken.
Mein Herz soll Liebe sein.

3. Wie eine Kerze aufstrahlt,
so möchte ich selber sein.
Ich möchte Freude schenken.
Ich möchte fröhlich sein.

Die Kuh wünscht sich zum Weihnachtsfest

Text und Musik: Volker Rosin

2. Der Clown wünscht sich zum
Weihnachtsfest dein Lachen.
Der Osterhase wünscht sich nur ein Ei.
Der Wind, der träumt von einem bunten Drachen.
Der Hirsch, der will ein prächtiges Geweih.

3. Der Hund wünscht sich zum Weihnachtsfest 'nen Knochen.
Die Katze wünscht sich eine Spielzeugmaus.
Der Hahn, der träumt von einem Wurm seit Wochen.
Von Urlaub träumt nur noch der Nikolaus.

So tanzen wir den Kerzentanz

Vorspiel/Flöte

Text: Rolf Krenzer, Musik: Martin Göth

2. So tanzen wir den Kerzentanz,
so wollen wir uns drehen.
Und unsere beiden roten Kerzen
können alle sehen.
Refrain

3. So tanzen wir den Kerzentanz,
so wollen wir uns drehen.
Und unsere drei roten Kerzen
können alle sehen.
Refrain

4. So tanzen wir den Kerzentanz,
so wollen wir uns drehen.
Und unsere vier roten Kerzen
können alle sehen.
Refrain

Adventskranz

Text und Musik: Volker Rosin

2. Die zweite Kerze brennt.
Erleuchtet unser Haus.
Und draußen vor der Tür,
da steht der Nikolaus.

3. Die dritte Kerze brennt.
Nun ist es nicht mehr weit.
Hey, Kinder, seht mal an:
Es hat heut Nacht geschneit.

4. Die vierte Kerze brennt.
Erstrahlt mit hellem Schein.
Bringt in der Weihnachtszeit
Licht in mein Herz hinein.

Kranz binden

volkstümlich

2. Kranz wolln wir lösen,
wir lösen einen Kranz.
Unsrer Grete hübsch und fein,
soll der Kranz gelöset sein.

Engelbackstube

Plätzchen sind heiß begehrte Naschereien und seit je her typisch für die Weihnachtszeit. Mit Freude backen und verzieren die Kinder die kleinen Köstlichkeiten und natürlich probieren sie beim Herstellen des Teiges wie beim Verzieren der Plätzchen fleißig den Teig. Neu wird für viele Kinder sein, dass die Objekte der Begierde nicht nur Gaumenschmaus sind, sondern als Dekoration die Räume weihnachtlich schmücken. Frühestens am Weihnachtsabend dürfen diese erst vernascht werden. Am besten eignen sich für Schmuckbäckereien ein fester Mürbteig und Pfefferkuchenteig. Und stets daran denken: Bei Dekoplätzchen bereits in das noch warme Gebäck Löcher für die Schleifen zum Aufhängen einstechen.

Weihnachtsplätzchen aus Mürbteig

Zutaten

Für den Mürbteig: 500 g Mehl, 175 g Zucker, 1 Prise Salz, 1 Tl Zimt, 2 Eier, 250 g Margarine oder Butter und etwas Mehl zum Ausrollen
Für die Verzierung: Zuckerguss: 2 Eiweiß, 400 g Puderzucker, Lebensmittelfarbe, Liebesperlen, Zucker- und Schokostreusel, Nüsse und Mandeln

Zubereitung

Teig: Mehl auf die Arbeitsplatte sieben und in die Mitte eine Vertiefung drücken. Zucker und Salz hineingeben. Ein Ei in einer Tasse verquirlen und in die Mitte geben. Die sehr kalte Margarine mit dem Messer in kleine Stückchen schneiden und auf den Mehlrand geben. Nun die Zutaten in der Mitte verrühren, dabei schon etwas Mehl untermischen. Dann mit beiden Händen die Zutaten kräftig vermischen und gut durchkneten. Den Teig zu einer Rolle formen und verpackt im Kühlschrank eine Stunde kalt stellen. Backblech einfetten und mehlen oder mit Backtrennpapier belegen. Danach Teig ausrollen, die Plätzchen ausstechen und auf das Backblech legen. Bei 200 Grad, Gasherd Stufe 3, 10 bis 15 Minuten backen. Plätzchen auf Kuchengitter auskühlen lassen.

Zuckerguss: Mit dem Handrührgerät Eiweiß steif schlagen, den gesiebten Puderzucker unterrühren, bis ein dicker Guss entsteht. Die gesamte Menge auf mehrere Schälchen aufteilen und mit verschiedenen Lebensmittelfarben einfärben. Anschließend den Guss in Spritzbeutel füllen. Falls kein Spritzbeutel vorhanden ist, kann man diesen leicht selbst herstellen, indem man in die Spitze eines Gefrierbeutels ein ganz kleines Loch schneidet.

Verzierung: Die Kinder malen die Plätzchen mit Zuckerguss an und verzieren sie nach Herzenslust.

Lebkuchen – Grundrezept

Dieses Rezept eignet sich für ein Blech, das dann mit vielen Möglichkeiten zum Thema Advent verziert werden kann. Auch lassen sich nach dem Erkalten kleine Lebkuchen ausschneiden, die von den Kindern verziert werden.
Weihnachtsmotive lassen sich aus dem ungebackenen Teig mit den üblichen Formen ausstechen. Oder Sie fertigen mit den Kindern aus Karton Schablonen an, die sie selbst gemalt und ausgeschnitten haben. Diese werden auf den ausgerollten Teig gelegt und mit einem Messer ausgeschnitten, die Figuren auf das Blech gelegt, gebacken und verziert.

Zutaten für ein Blech
100 g Butter oder Margarine, 100 g brauner Zucker, 100 g dunkler Zuckerrübensirup, 2 große Eier, 500 g Mehl, 1 Tl Natron, 1Tl Backpulver, 2 Tl Lebkuchengewürz, 1 Tl Zimt

So wird's gemacht
Fett, Zucker, Sirup und Eier gut verrühren, Mehl, Backpulver, Gewürze und Natron untermischen und gut verkneten. In Folie gewickelt im Kühlschrank ca. 2 Stunden ruhen lassen.
Teig ausrollen, auf ein mit Backpapier belegtes Blech legen oder Figuren ausschneiden und auflegen. Bei 180 Grad (Umluft) ca. 15 Minuten backen. Auskühlen lassen und nach Herzenslust verzieren.

Weihnachtswichtel

Zutaten für den Quarkölteig
200 g Magerquark, 1 Prise Salz, 6 El Milch, 100 g Zucker, 1 Ei,
6 El Öl, 400 g Mehl, 1 Päckchen Backpulver

Zutaten für Wichtel
Quarkölteig, 10 klein geschnittene, getrocknete Aprikosen und
2 El Rosinen (über Nacht in 2 El Apfelsaft eingelegt), 1 El gemahlene Haselnüsse oder Mandeln, 2 El Kakao

Zum Verzieren: große Mandeln, Mandelstifte, Kokosraspel, Zuckerguss

Zubereitung
Quarkölteig herstellen, klein geschnittene Aprikosen, Rosinen, Nüsse und den Kakao in den Teig kneten. Teigmenge in gleich große Teile schneiden und aus je einem Teil Wichtel formen. Zwei Mandeln sind die Füße. Das Gesicht wird mit Mandelstiften gestaltet. Herd auf 190 Grad vorheizen. Wichtel auf das mit Backpapier belegte Backblech legen und ca. 20 Minuten backen. Nach dem Backen Kapuze und Bart mit Zuckerguss bestreichen und Kokosraspel darauf streuen.
Tipp: In Klarsichtfolie verpackt, sind die Wichtel kleine Geschenke für den 1. Advent oder das Weihnachtsfest.

Früchtebrotkuchen

Das braucht man dazu
125 g ganze Mandeln gehäutet, 125 g Haselnüsse, 500 g gemischtes Trockenobst (Aprikosen, Äpfel, Zwetschgen), 125 g Rosinen;
3 Eier, 125 g Zucker, 125 g Mehl, 1 1/2 Tl Backpulver (nur für die Erwachsenen 1 – 2 El Rum)

So wird's gemacht
Einen Rührteig herstellen und die Nüsse, Mandeln und Trockenfrüchte untermischen. Den Teig in eine mit Alufolie ausgekleidete Kastenform füllen und bei 180 Grad 90 Minuten oder auch etwas länger (also sehr langsam) backen.

Adventspunsch

Zutaten für 10 Personen
1 l Wasser, 2 cm Zimtstange, 3 Gewürznelken, 3 Teebeutel Früchtetee, 2 Flaschen Apfelsaft, ausgepresster Saft von 6 Orangen und 4 Zitronen, 4 El Zucker oder Honig
Geräte: 2 Kochtöpfe, Zitruspresse, Messbecher, evtl. Punschgläser

Zubereitung
Wasser mit Zimtstange und Nelken zum Kochen bringen. Teebeutel hinein geben und 5 Minuten ziehen lassen. Die Säfte in einem zweiten Topf mit dem Zucker erhitzen (nicht kochen!). Tee dazugießen.

Quellen

S. 9: nach einem Text des Kindermissionswerkes, 2. Halbjahr 1998, Kindergarten und Mission, Stephanstraße 35, D-52064 Aachen, Tel. 02 41/44 61-0
S. 42f.: Wichtelvers, aus: Renate Ferrari, Spür die Stille im Advent, © Christophorus Verlag, Freiburg, 5. Aufl. 2002
S. 66–69: Krippenspiel von Barbara Cratzius, © by Barbara Cratzius
S. 86: Wie eine Kerze leuchtet, Text und Melodie: Franz Kett, aus: Religionspädagogische Praxis. Handreichung für elementare Religionspädagogik, Jhg. 1982, Nr. IV, S. 64, „Gegrüßet seist du, Maria", alle Rechte bei RPA-Verlag, Landshut
S. 87: Die Kuh wünscht sich zum Weihnachtsfest, Text und Musik: Volker Rosin, aus: Itzibitz, die Liedermaus. Don Bosco Verlag, München, © Moon-Records-Verlag, Düsseldorf
S. 88: So tanzen wir den Kerzentanz, Text: Rolf Krenzer, Musik: Martin Göth, © Musikverlag Martin Göth, 94121 Salzweg
S. 89: Adventskranz, Text und Musik: Volker Rosin, aus: Itzibitz, die Liedermaus. Don Bosco Verlag, München, © Moon-Records-Verlag, Düsseldorf

Feste feiern mit Kindern

ISBN 3-7698-1271-9

ISBN 3-7698-1272-7

ISBN 3-7698-1338-3

ISBN 3-7698-1302-2

ISBN 3-7698-1259-X

ISBN 3-7698-1260-3

ISBN 3-7698-1303-0

ISBN 3-7698-1386-3

ISBN 3-7698-1413-4